中西方餐饮礼仪

李　妍　编著

苏州大学出版社

图书在版编目（CIP）数据

中西方餐饮礼仪／李妍编著． -- 苏州：苏州大学出版社，2023.12（2024.9 重印）
ISBN 978-7-5672-4641-6

Ⅰ.①中… Ⅱ.①李… Ⅲ.①饮食-礼仪 Ⅳ.
①K891.25

中国国家版本馆 CIP 数据核字（2024）第 007834 号

中西方餐饮礼仪
ZHONGXIFANG CANYIN LIYI

李　妍　编　著
责任编辑　杨　冉

苏州大学出版社出版发行
（地址：苏州市十梓街 1 号　邮编：215006）
镇江文苑制版印刷有限责任公司印装
（地址：镇江市黄山南路 18 号润州花园 6-1 号　邮编：212000）

开本 700 mm×1 000 mm　1/16　印张 12.25　字数 165 千
2023 年 12 月第 1 版　2024 年 9 月第 2 次印刷
ISBN 978-7-5672-4641-6　定价：45.00 元

图书若有印装错误，本社负责调换
苏州大学出版社营销部　电话：0512-67481020
苏州大学出版社网址　http://www.sudapress.com
苏州大学出版社邮箱　sdcbs@suda.edu.cn

序 言

在《论语·季氏篇》中，孔子曰："不学礼，无以立。"讲"礼"重"仪"一直是中华民族世代相传的优良传统。源远流长的餐饮礼仪文化是先人留给我们的一笔丰厚遗产。随着经济的迅速发展，国家间的交往日趋频繁，餐饮礼仪不仅是我国人民走向世界、与世界交往的名片，同时也成为塑造良好形象、协调人际关系和助推事业成功的重要途径之一。

餐饮礼仪是人们在赴宴进餐过程中，在仪态、餐具使用、菜品食用等方面表现出来的自律和敬人的行为，是人们在餐饮活动中应当遵循的行为规范与准则。它不仅可以有效地展现一个人的教养、风度和魅力，还能体现出一个人的学识和修养，也包括对社会的认知水准。在现实生活中，虽然请客吃饭的事情经常在我们身边发生，却很少有人真正去留意餐饮礼仪，即使留意了，也只是流于其表，拨云见日者寥寥无几。有些人甚至连哪个是主桌或上桌，哪个是主陪或主位都不知道；更不懂订餐、点菜、点酒、祝酒、敬酒、劝酒、劝菜、结账等礼仪；在宴席上衣着随意、大声喧哗、吃相不雅，以致请客吃饭这种好事变成了坏事。所以说，加强中西方餐饮礼仪学习，努力提高自己的餐饮礼仪水平，用礼来充实自己，塑造形象，协调关系，加强对外交往，非常必要。

本书内容精练，图文并茂，直观明了，通俗易懂，融知识性和可操作性于一体；系统阐述了中西方饮食文化的概况和饮食文化的差异，详细探究了中西方餐饮礼仪的规范，力图挖掘中国传统餐饮礼仪文化的合理内核，吸收国外餐饮礼仪文化的有益养分，使餐饮礼仪具有时代感和较高文化品位。

虽然作者在撰写过程中力求突出创新、实用等特色，但由于水平有限、时间仓促，书中难免存在疏漏和不足之处，恳请广大读者批评指正。

目 录

001/ **第一章 中西方饮食文化**
001/ 第一节 中国饮食文化
017/ 第二节 西方饮食文化

028/ **第二章 中西方饮食文化差异**
028/ 第一节 中西方饮食文化差异的表现
035/ 第二节 中西方饮食文化差异的原因

039/ **第三章 中餐礼仪探究**
040/ 第一节 中餐座次安排礼仪
049/ 第二节 中餐餐前礼仪
067/ 第三节 中餐餐中礼仪
076/ 第四节 中餐餐后礼仪
082/ 第五节 中餐宴会礼仪
089/ 第六节 中餐酒水礼仪
098/ 第七节 茶道礼仪

107/ **第四章　西餐礼仪探究**

108/ 第一节　西餐座次安排礼仪

118/ 第二节　西餐餐前礼仪

126/ 第三节　西餐餐中礼仪

149/ 第四节　西餐餐后礼仪

150/ 第五节　西餐宴会礼仪

153/ 第六节　西餐酒水礼仪

174/ 第七节　咖啡礼仪

182/ 参考文献

第一章 中西方饮食文化

说到中西方的饮食文化，就不得不先提到什么是饮食文化。饮食文化涉及食源的开发与利用、食具的利用与创新、食品的生产与消费、餐饮业的服务与接待、餐饮业与食品业的经营与管理，以及饮食与国计民生、饮食与文学艺术、饮食与人生境界的关系等，深厚广博。

第一节　中国饮食文化

一、中国饮食文化概述

饮食文化是中国传统文化的重要组成部分，它所包含的不只是与西餐迥异的难以尽数的古今菜谱与食单，更是中国人独特的饮食品类、烹调手法、饮食方式、礼俗和饮食审美风尚等，正如孙中山先生所说，"单就饮食一道论之，中国之习尚，当超乎各国之上"，"中国烹调之妙，亦足表文明进化之深也"。中华餐饮文化可谓博大精深、源远流长，在世界上享有"烹饪王国"之美誉。

所谓中国饮食文化，是指中华民族在长期的饮食品的生产和消费的实践过程中，所创造并积累的物质财富和精神财富的总和。中国人有句话叫"民以食为天",从这里我们可以看出饮食在中国人心目中的地位。中国人讲吃,不仅是一日三餐,解渴充饥,它往往蕴含着中国人认识事物、理解事物的哲理。一个小孩子生下来,亲友要吃红蛋,表示喜庆。"蛋"表示着生命的延续,"吃蛋"则寄予着中国人传宗接代的厚望。孩子周岁时要"吃",结婚时还要"吃"。到了六十大寿更要觥筹交错地庆贺一番。这种"吃",表面上看是一种生理满足,但实际上"醉翁之意不在酒",它借吃这种形式表达了一种丰富的心理内涵。另外,"吃"还跟许多节日联系在一起,元宵节吃元宵,端午节吃粽子,中秋节吃月饼……名目繁多,可以说,"吃"贯穿在人生的各个阶段,不仅是人们生活的重要内容,也不同程度地影响着人们的心理、情感和行为等,从而构成了一系列耐人寻味的饮食文化现象。吃的餐饮文化已经超越了"吃"本身,获得了更为深刻的社会意义。也就是说,饮食作用于社会生活的诸多方面,饮食本身体现着许多文化因素,饮食活动实质上是一种文化活动。

中华饮食文化就其深层内涵来讲,可以概括成"精、美、情、礼"四个字。这四个字反映饮食活动过程中饮食品质、审美体验、情感活动、社会功能等所包含的独特文化意蕴,也反映了饮食文化与中华优秀传统文化的密切联系。

(1)"精"。精是对中华饮食文化内在品质的概括。孔子说"食不厌精,脍不厌细",这反映了先民对于饮食的精品意识。这种精品意识作为一种文化精神,已越来越广泛、越来越深入地渗透、贯彻到整个饮食活动过程中,选料、烹调、配伍乃至饮食环境,都体现着一个"精"字。

精者,选料考究、货真价实也;精者,悉心调和、一丝不苟也;精者,配伍科学、营养合理也。精,是对饮食品质的定位,如以烹饪技巧来讲,刀法有直、平、斜、侧、滚;拼法分排、叠、摆、围、覆;烹法更是花样繁多,炒、熘、蒸、扒、焖……无一不显示着烹饪大师们精益求精的艺术匠心。

在现代生活中,"精"的境界已从盛宴、大宴走向寻常百姓家,老百姓吃东西已经向小型化发展,再也不是"大碗喝酒大块吃肉",而是讲究少而精,讲究营养的合理搭配。即使工厂化生产的食品,也要讲究包装精致,且注明营养构成、出厂期、保鲜期等。传统的"粗食"也开始"细作"起来,如小包装米面、玉米系列化食品等。这些都表明,求精已成为饮食文化发展的一个趋势,这种精品意识的存在与发展,是饮食文化品位升级换代的内在动力。

(2)"美"。美体现了饮食文化的审美特征。中华饮食之所以能够征服世界,重要原因之一就在于它的美。这种美是指中国饮食活动形式与内容的完美统一,它贯穿于饮食活动过程的每一个环节中,能给人们带来审美愉悦和精神享受。

首先,是味道美。孙中山说过"辨味不精,则烹调之术不妙",将对"味"的审美视作烹调的第一要素。晏子在谈到食物烹调法时说:"和如羹焉,水火醯醢盐梅,以烹鱼肉,燀之以薪,宰夫和之,齐之以味。"讲的也是这个意思。那么,什么样的"味"算美呢?《吕氏春秋》有一段论述:"故久而不弊,熟而不烂,甘而不哝,酸而不酷,咸而不减,辛而不烈,澹而不薄,肥而不腻。"讲的是一种不偏不倚、恰到好处的"和"的境界。当然,在菜系林立的今天,人们对味道美的追求更显示出个性色彩,有的嗜甜,有的嗜辣,有的嗜咸,有的嗜淡,真是"趣味无争辩"。

其次,是口感美。这是指菜肴的适口性,所谓"适口者珍",酥、脆、松、硬、软、韧、嫩、烂、糯、柔、滑、爽、绵、沙、疲、冷、凉、温、热、烫等都是讲的一种口感。古代曾以"滑"作为口感美的标准,《周礼》中就有"调以滑甘,以滑养巧"的记载,"滑"是一种软嫩滑爽的审美体验。当然,对于口感美的判定也是因人而异的。

再次,是造型美。这是指饮食的视觉审美效果。中国菜不仅冷菜讲究造型，热菜也讲究造型。烹调师通过精巧细腻的刀工改制，把原料精制成各种美妙的片、丝、条、段、块、丁、末、茸及象形图案，这种工艺性原料再经巧妙的勺工和出勺装盘艺术，成为造型、色彩变幻多姿的菜品，从而使食客获得艺术视觉上的快感。现在食品雕刻之风盛行，这也是集中表现中国饮食造型的一个重要方面。

最后，是包装美。这个"包装"是广义的，包括盛放食物的器皿和一般意义上的食品包装。包装就是要通过对食品盛器的美化来达到"绿叶衬托红花"的效果，因此可以说，美器是美食的一个有机组成部分。中国素有用美器盛放美食的传统，器物的使用古来就有很多讲究，如袁枚在《随园食单》中就详细论述过食与器搭配的原则："宜碗者碗，宜盘者盘，宜大者大，宜小者小，参错其间，方觉生色。""大抵物贵者器宜大，物贱者器宜小。煎炒宜盘，汤羹宜碗；煎炒宜铁铜，煨煮宜砂罐。"各式盛器参差陈设，体现出变化与和谐的统一，自然能烘托出佳肴的美观和宴席气氛的热烈。

（3）"情"。情是对中华饮食文化社会心理功能的概括。吃吃喝喝，不能简单视之，它实际上是人与人之间情感交流的媒介，是一种别开生面的社交活动。一边吃饭，一边聊天，可以做生意、交流信息或做采访。朋友离合，送往迎来，人们都习惯于在饭桌上表达惜别或欢迎的心情；感情上的风波，人们也往往借酒菜平息。这是饮食活动对于社会心理的调节功能。中华饮食所具有的这种"抒情"功能，凸显了"饮德食和、万邦同乐"的哲学思想和由此而出现的具有民族特点的饮食方式。"和"是中华饮食哲学的底蕴，从滋味的调和到人伦的和谐，中华饮食文化始终追求着这种"和为贵"的哲学境界。唐代以后，传统的席地或坐矮席的屈膝坐姿逐渐改为垂足坐姿，宴席上高桌大椅开始流行，象征着团结和睦的合食制从此出现，许多人围坐一桌，一个盘子里夹菜，一只壶里斟酒，猜拳行令，分曹射覆，热热闹闹，气氛融洽，为人们沟通感情创造了良好的条件，这是其他饮食方式不容易具备的。

（4）"礼"。礼是指饮食活动的礼仪性。中国饮食讲究"礼"，与传统文化有很大关系。礼指一种秩序和规范，生老病死、送往迎来、祭神敬祖都是礼。《礼记》中说："夫礼之初，始诸饮食。"坐席的方向、箸匙的排列、上菜的次序都体现着"礼"。在古代的宴会或祭祀活动中，"礼"的色彩就更浓厚了，如《礼记》就曾提到，"六十者坐，五十者立侍……六十者三豆，七十者四豆，八十者五豆，九十者六豆"，尊卑有别、长幼有序。

当然，传统的礼有合理的一面，也有僵化、消极的一面，因此在现代饮食活动中，这个"礼"要被赋予更多的时代性。就餐者的文明礼貌是"礼"，宾馆饭店的礼貌待客、文明服务更是"礼"。繁文缛节、等级森严的礼仪当然要取消，但那种让人感到亲切、文明、受尊敬的服务还是应当大力提倡，这不仅是餐厅、宴席上的一套讲究，更是一个民族文明的折射，因此不要简单地将"礼"看作一种礼仪，而应该将它理解成一种精神，一种内在的伦理精神。这种"礼"的精神，贯穿在饮食活动过程中，从而构成中国饮食文明的逻辑起点。

精、美、情、礼，分别从不同的角度概括了中华饮食文化的基本内涵，精与美侧重于饮食的形象和品质，而情与礼则侧重于饮食的心态、习俗和社会功能。这四个方面不是孤立存在的，而是相互依存、互为因果的，唯其"精"，才能有完整的"美"；唯其"美"，才能激发"情"；唯有"情"，才能有合乎时代风尚的"礼"，如此四者环环相生、完美统一，最终形成中华饮食文化的最高境界。

 中国饮食文化的发展历程

从中国饮食文化的发展历程来看，其大致经历了以下九个时期:孕育期、雏形期、定型期、发展期、交融期、持续发展期、繁荣期、鼎盛期和转型期。每个时期有每个时期的特点。

(一)中国饮食文化的孕育期(原始社会)

在这一时期,中国饮食史上有两个重大突破:一个是火的发明,从生食时代进入了熟食时代,是人类结束"饮血茹毛"自然饮食生活的重要标志。另一个是生产经济的发明,农业与畜牧业出现,南北方分别形成了以饭稻羹鱼、食粟餐肉为特色的饮食文化;陶器的发明,酒的出现,盐、蜜糖、食油等调味品的使用,石磨盘与石磨棒、杵臼和研磨器等食物加工工具的出现,炊事设备的逐步完善,烹饪技术的产生等,表明中国饮食的传统体系早在史前时期就开始孕育了。

在这一时期,对中国饮食文化的发展有突出贡献的部落首领主要有以下几位。

(1)有巢氏(主攻生肉片和生肉糜)。在旧石器时代,当时人们不懂人工取火和熟食。饮食状况是茹毛饮血,不属于饮食文化。《礼记·礼运》中记载:"古者未有火化,食草木之实、鸟兽之肉,饮其血,茹其毛。"以前人们只会使用石器对食物进行块状分割,有巢氏发明"脍"和"捣"的肉食处理方法,"脯"和"鲊"的肉食保存处理方法。

(2)燧人氏(主攻烧烤)。钻木取火,从此熟食,进入石烹时代,主要烹调方法:①"炮",火烤果子、肉类;②"煲",用泥裹住果子和肉,然后火烤;③"炙",把肉割成小片火烤;④"烙",用烧红的石头把食物烫熟;⑤"焙",在烧红的石头上面炒种子;⑥"熬",用石器盛水,然后把食物放进去煮。

《礼含文嘉》中记载:"燧人氏钻木取火,炮生为熟,令人无腹疾,有异于禽兽。"

人类懂得如何控制火种,走上熟食的道路,是人类饮食活动与动物饮食活动本质上发生变化的分水岭,更是人类自身发展和社会向前进化的极为重要的因素,从火的使用开始,人类饮食烹饪史被翻开了第一页。

(3) 伏羲氏。在饮食上,结网罟以教佃渔,养牺牲以充庖厨。(《周易》载"做结绳而为网罟,以佃以渔";《三皇本纪》载"养牺牲以供庖厨"。)

(4) 神农氏(主攻蔬菜和五谷)。神农氏是中国农业的开创者,"耕而陶"尝百草,开创古医药学,发明耒耜,教民稼穑。陶具使人们第一次拥有了炊具和容器,为制作发酵性食品提供了可能,如酒、醢、醯(醋)、酪、酢、醴等。鼎是最早的炊具之一,有爪儿是因为当时没灶;还有鬲,其爪是空心的;斝用来煮酒。《淮南子·修务训》有神农"尝百草之滋味,水泉之甘苦,令民知所辟就。当此之时,一日而遇七十毒"的记载。

(5) 黄帝(主攻五谷和煮食)。在这一时期,中华民族的饮食状况又有了改善,"黄帝作灶,死为灶神"。集中火力节省燃料,使食物速熟,而在秦汉时期被广泛使用的是釜,高脚灶具逐步退出历史舞台。"蒸谷为饭,烹谷为粥",这一时期首次以烹调方法区别食品,并发明了蒸锅,被称作甑。蒸盐业是由黄帝臣子宿沙氏发明的,煮海水为盐,从此人们不仅懂得了"烹",还懂得了"调",这有益于人的健康。

(6) 尧、舜、禹。中国古代历史上,自黄帝之后,黄河流域又先后出现了三位部落联盟首领。在这一时期,烹饪方式主要是蒸煮,碎食工具主要是杵臼、石盘。

彭祖发明了"五味调羹",他以五味调的雉羹,献给尧。彭祖五味调羹以后,羹的含义就成了五味之合。肉或鱼入清汤煮,然后用酱、醋、肉酱、盐和梅子调味,调和再煮时,要注意掌握火候,提防过和不及。

在这一时期,还出现了酒。

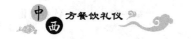

在原始社会漫长的发展史上，人类的食物获取方式从采摘、渔猎到种植、养殖；饮食方式从"茹毛饮血"到用火熟食；烹调方式从煮烹到石烹再到陶烹；烹饪方式从"原味"到调味料的使用；从单纯的果腹到祭祀、食礼的出现……原始社会人类在饮食活动中开始萌生对精神层面的追求，已初具饮食文化意味，这一阶段被称为中国饮食文化的孕育期。

（二）中国饮食文化的雏形期（夏商时期）

在这一时期，中国饮食文化的主要特点表现在以下几个方面。

（1）食材更加丰富。这一时期的食材包括"五谷"（稷、黍、麦、菽、稻）、"五菜"（葵、藿、薤、葱、韭）、"五畜"（牛、羊、猪、犬、鸡）、"五果"（枣、李、栗、杏、桃）和"五味"（米醋、米酒、饴糖、姜、盐）。果园和菜园的出现，使得食材更加丰富。

（2）食品加工技术提高。这一时期的谷物加工技术是造治碾砲。在肉类加工方面，一是健康畜禽挑选，二是畜禽各部位辨别。

（3）食物的贮藏方法丰富。一方面，有了降温、风干等贮藏方法；另一方面，冰的出现，为食材和食品的保鲜和储藏提供了更多的便利。

（4）烹调器具品种多样。这一时期发明了铜器、炊器、食器、食品加工器、食品盛储器、水器、酒器……包括九鼎（可以盛放牛、羊、豕、鱼、腊、肠胃、肤、鲜鱼和鲜腊等肉食）、八簋（可以盛放各种黍稷食粮）和陪鼎三具（可以盛放酒、水和果蔬）。青铜餐具既是日常生活用具，也是祭祀时使用的礼器，这使得青铜餐具从一开始就带上了神秘和威严的色彩，具有前无古人，后无来者的双重性质。

（5）烹饪技术进步。原料经刀工处理后，通常呈现的形状有丁、条、丝、片等；烹调方法有炸、熘、炒等；调味原则有春多酸、夏多苦、秋多辛、冬多咸。

(6) 始兴宴席。讲究座次、饮食器具奢华、歌舞助兴。

(7) 饮食与政治观念、等级制度合为一体。夏商时代,饮食已经与政治观念、等级制度合为一体,"明贵贱,辨等列",称为"礼政"。"夫礼之初,始诸饮食","以饮食之礼,亲宗族兄弟",和谐人际关系,重视人伦,是夏商贵族饮食的"食礼"和"食政"之所在,"食以体政"和"寓礼于食和"是这一时期中国饮食文化的两个重要特征,中国传统饮食文化肇端于此。

(三) 中国饮食文化的定型期（西周及春秋战国时期）

西周及春秋战国时期,中国饮食文化的主要特点表现在以下几个方面。

(1) 肉食品相对紧缺。《礼记·王制》记载:诸侯无故不杀牛,大夫无故不杀羊,士无故不杀犬豕,庶人无故不食珍。

(2) 水产品备受青睐。从范蠡的《养鱼经》可见端倪。

(3) 主食南北分野继续加强,副食口味也有南北分野趋势。中原食系是以粟、麦为主食,肉食主要有羊、猪、鹿之类；荆楚食系是以稻米为主食,鱼类为副食。

(4) 食品加工和烹饪技术有所进步。从选料、制冷、主副食搭配到刀工、调味和火候等方面都积累了丰富的经验；烹饪理论方面有食不厌精、脍不厌细、和而不同；宫廷菜、名菜、筵席相继出现。

(5) 注重饮食礼仪。礼仪包括席地饮食、乡饮酒礼、王公宴礼和餐前行祭祀。

(6) 以食为重。追求饮食的享受性和娱乐性；医食同源；重视饮食习惯,不多食、食不语；这些都是这一时期饮食的重要特征。

(7) 饮食学论著问世。《吕氏春秋·本味》被后世尊为"厨艺界的圣经"。其给出了中国饮食"调和"的八大标准:久而不弊

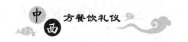

（腌腊食品虽然储存时间很久，但不变质）；熟而不烂（烂而不失其形）；甘而不哝（味甜而不过度）；酸而不酷（用醋适量不过度）；咸而不减（下盐多但不能过咸）；辛而不烈（可以加点辣味，但不要呛喉咙）；澹而不薄（汤做得很鲜，但汤汁却不薄）；肥而不腻（肉菜要肥美而不腻）。做汤时适当勾点芡非常好，尤其是天冷的季节，勾芡的汤不容易凉。

进入铁烹时期。铁质锅釜问世，油烹法随之出现。

（四）中国饮食文化的发展期（秦汉时期）

秦汉时期不但是中国封建王朝的开创时期，也是中国饮食史上的大变革时期。秦朝结束了数百年诸侯割据的混乱局面，使得江山一统，又"书同文，车同轨"，还大兴农田水利建设，推广先进生产技术，大大促进了经济发展和科技文化的进步。农业、畜牧业、制陶业、冶金业和纺织业，都迈上了一个新台阶；在长安、成都等一些大城市，商业都会也随之勃兴，出现了现代意义上的旅店，使餐饮业更趋发达；尤其是张骞通西域之后，中外交流日趋广泛，烹饪原料、调味品种迅速增多，烹饪技术也显著提高。在这一时期，中国饮食文化的主要特点表现在以下几个方面。

（1）食材更加丰富。张骞出使西域，开始了葡萄种植及葡萄酒酿造，有了石榴、大蒜、芹菜……

（2）面食替代粒食。汉代末年从中亚输入面食，是中国饮食史上的第三次重要突破。人们使用石磨，有了烙饼（又称"胡饼"）、面条和发酵面点。面食的出现使中国饮食文化由"粒食文化"进入"粉食文化"，也就是说由原来主食粟转变为麦，麦代替了黍、粟成为中国的主食。

（3）两餐变为三餐。我们所说的早餐（第一顿饭）汉代人一般称为"寒具"，在天色微明之后就可以吃早餐了；第二顿饭称为"中饭"或者"过中"，在正午时刻用；第三顿饭又称为"晡食"，在下午三点至五点之间用。

（4）分餐制开始流行。

（5）三大菜系（鲁菜、川菜、粤菜）趋于形成。

（6）注重食养食疗。强调药补不如食补。张仲景在为人治病时也经常使用食物，旨在使患者"存津液，保胃气"。

（7）筷子普及。筷子起源于中国，古代叫箸（箸者，助也，意思是帮助吃饭的工具），因为箸和住是谐音字，有停住的意思，对驾车、骑马和行船者来说不吉利，后来就用"快"字加个竹字头，就成了现在筷子名称的由来。

（8）汉代饮食餐具也有了巨大进步，青瓷碗盘慢慢普及并取代了以前的粗陶和竹木餐具，贵族则大量使用漆器，种类繁多，图案纹饰绚丽多彩。

（9）新食品问世。新食品包括豆腐、腊八粥、元宵和烧饼等。

（五）中国饮食文化的交融期（三国两晋南北朝时期）

三国两晋南北朝共历三百六十九年，是中国历史上大分裂、大动荡的时期，曾一度严重破坏了社会经济。但西晋末年永嘉之乱导致的中原百姓大量南迁，给江南增添了大批劳动力，带去了中原较为先进的生产技术，为其农业、手工业乃至饮食业的发展提供了有利条件；与此同时，长期居住在西、北边境上的匈奴、羯、鲜卑、氐、羌五个少数民族也在大规模地迁往内地，史称"五胡内迁"。他们不但吸收汉族的农业文明，而且以自己的草原文明影响汉人。这种游牧文化与农耕文化的大融合，中原文化与江南文化的大融合，都给饮食领域带来了许多富有生气的新东西。在这一时期，中国饮食文化的主要特点表现在以下几个方面。

（1）中国餐饮具有胡汉交融的特点。西域地区带来胡羹、胡饭、烤肉、涮肉等烹疱制法；东南地区传入叉烤、腊味等烹疱制法；南方沿海地区传入烤鹅、生鱼等烹疱制法；西南滇蜀传入红鱼

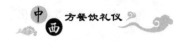

等饮食珍品;随着佛教在中国的深入与普及,素食也开始流行;面食在民间得到进一步的推广,种类日益丰富,乳类食品也占有一定的地位。

(2)饮食著作急剧增加。南朝齐人虞悰《食珍录》,记录了六朝帝王名门家中最珍贵的烹饪名物,也介绍了一些名食的烹饪方法。北魏人崔浩《食经》,记载着他的家族从日常到宴会、祭祀的菜肴、食品的制作和烹饪技巧。三国时的《南州异物志》、西晋的《南方草木状》、南朝梁的《荆楚岁时记》、南朝宋的《广州记》都从不同角度记载了时人的饮食情况。

(六)中国饮食文化的持续发展期(隋唐五代时期)

在这一时期,中国饮食文化的主要特点表现在以下几个方面:① 食品原料越来越丰富,新材料不断涌现;② 在炊具、燃料及引火技术等方面取得了长足的进步;③ 烹饪技艺日趋成熟,人们对火候与调味的关系有了进一步的认识,并从理论上总结出了烹调技术的基本准则,即温酒及炙肉用石炭、柴火、竹火、草火、麻荄火,气味各不同;物无不堪吃,唯在火候,善均五味;④ 饮酒的盛行与饮茶的普及引人注目,特别是茶,在唐代已逐渐由药饮和粗放式煮饮发展成为纯粹的饮品,并进一步演化为艺术化、哲理化的茶艺、茶道,对后世人们的饮食生活产生了极其重大而深远的影响。

食疗专著问世。我国第一部重要的食疗专著当属孙思邈的《千金食治》,在该书中,孙思邈全面而系统地论述了药、食之间的关系,食疗应注意的事项,并将中医五行理论用在了食疗上,从而将药学和饮食学两个不同的学科结合起来,创造了一门新的学科——食疗学。继《千金食治》之后,孙思邈又完成了他的另一部重要著作《千金翼方》,在其中的《饮食》篇中,着重论述了饮食保健养生的问题。孙思邈的弟子孟诜也创作了一部重要的食疗著作,即

《食疗本草》，这是中国历史上第一部以"食疗"命名的饮食学著作。

昝殷的《食医心鉴》也是一部颇有影响力的著作。《食医心鉴》的一个重要特点是理论与实践结合较好。在每一类食疗方之前，都有一篇简论，论述该类病的成因、症状及食疗的原理。另一个重要特点是简明实用，所收食疗方均注明原料、用量、制法、食法，如治脾胃气弱食饮不下黄瘦无力方：面（四大两）、白羊肉（四大两），溲面作索饼，以羊肉作腥，熟煮，空心食之。以生姜汁溲面更佳。患者一看此方，就可以自行制作，相当方便。

（七）中国饮食文化的繁荣期（宋元时期）

在这一时期，中国饮食文化的主要特点表现在以下几个方面。

饮食原料的来源进一步扩大，食品的加工和制作技术更加成熟。厨事分工越来越专，厨事、厨师逐渐成为民间的专门行业与人才群体，且有一定的市场。烹饪技法变化多端，色、香、味、形在食品中得到了淋漓尽致的发挥。食品的种类名目繁多，令人目不暇接。饮食器具不仅品类齐全，而且已向小巧、精致玲珑的方向发展。

茶文化形成。品茶的方式包括斗茶和点茶。斗茶，始于唐，盛于宋，是古代有钱有闲人的一种雅玩，具有很强的胜负色彩，富有趣味性和挑战性。斗茶者各取所藏好茶，轮流烹煮，品评分高下。古代茶叶大多做成茶饼，再碾成粉末，饮用时连茶粉带茶水一起喝下。点茶是古代沏茶方法之一，也常用来在斗茶时进行。宋代是中国茶文化的鼎盛时期，上至王公大臣、文人僧侣，下至黎民百姓，无不以饮茶为时尚；饮茶之法以点茶为主。

酒文化较为丰富。宋朝多文人，文人多风雅，因此风雅之物相继衍生，但不管多了何种，"酒"绝对是附庸风雅一大利器。现代人喝酒，大多喝的是一个寂寞；宋朝人喝酒，喝的则是一种情调。

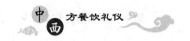

因此，酒桌游戏是必不可少，这就是出名的行酒游戏。

除此之外，当时的饮食业也比较兴盛，包括酒楼、茶坊和食店；中外饮食文化交流空前；饮食著作大量涌现，如忽思慧（元）的《饮膳正要》，是古代营养学专著。

(八) 中国饮食文化的鼎盛期（明清时期）

在这一时期，中国饮食文化的主要特点表现在以下几个方面。

食品原料比过去更为丰富，特别是玉米、甘薯、花生、向日葵、番茄、马铃薯等的传入，极大地改变了人们的饮食结构。当代著名美籍华裔人类学家和考古学家张光直视其为中国饮食史上的第四大突破。

食品的制作工艺也已渐成传统，出现了以味的区分做菜的行帮，并最终形成了苏、粤、川、鲁四大地方菜肴体系。

烹饪技法更是到了登峰造极的地步，方法已达上百种之多，而且食点的成品艺术化形象也进一步得到发展，不仅色、香、味、形、声、器六美俱备，做工精细，富于营养，而且名称也典雅得体，文采风流，富有诗情画意。

"满汉全席"的出现，标志着中国古代的饮食体系已达到鼎盛。

明清时期的饮食思想和理论研究也达到了新的高度，出现了《居家必备》《遵生八笺》《酒史》《随园食单》《素食说略》《中馈录》《食宪鸿秘》《养小录》《调鼎集》《随息居饮食谱》等一大批高水平的饮食著作，内容涉及饮食的各个方面，这表明中国古代的饮食学体系已经形成，从而使饮食学成为一门囊括饮食（色、香、味、形）、饮食心态、食器与礼仪（饮宴餐具、陈设、仪礼）、食享与食用（保健、养生与食疗）等多重文化内涵的"综合艺术"。

(九) 中国饮食文化的转型期（民国时期至今）

在这一时期，中国饮食文化的主要特点表现在以下几个方面。

从食品原料来看，注重食材的引进。食材包括洋葱、卷心菜等；花生油、荷兰奶牛、法式葡萄种子等；洋米、洋面、洋酒、洋饼干、洋罐头等；使食品烹饪更加方便，味道更加鲜美可口的味精、食用香精等。

从食品加工技术和工艺来看，传统手工艺作坊加工出来的产品，以其独特的工艺和烹制手法为老顾客们所喜好；近代化机器生产工艺制造出来的食品也大量涌入市场，形成了一个多元化的食品加工工业和消费市场。

从餐饮业来看，传统老字号仍占一席之地。新口味的、用西方经营方式来管理的饭店、酒楼、西式餐馆，犹如雨后春笋般地在各地纷纷建立，并逐渐有一种取而代之的趋势。中式饮食店开始学习西式餐馆的做法，特别是吸收西式烹饪技法的长处，并将改进后的菜品纳入自己的菜肴体系之中。八大菜系外，又有了新的排列组合，并在原有的菜系基础上派生出新的菜系。

从饮品来看，包括中国茶、酒及汤汁；西方传来的汽水、咖啡、葡萄酒、啤酒等新式饮品也为越来越多的青年人所喜好，人们在潜移默化中逐渐接受了西式饮料，当时的饮料市场因而成为一个多元化的集合。

从饮食器具来看，包括中式器具（如碗、筷等）和西式餐具（如刀、叉等）。

从饮食方式来看，西式分餐制的上菜顺序为部分国人所崇尚。需要特别指出的是，随着西方近代文明的传入，这一时期的饮食结构也呈现出更加科学、更加卫生的发展趋势。中国饮食文化在吸收西方文明的同时，也将自己独特的饮食文化逐步推向遥远的欧美国家，并以其精良的烹调、优美的造型、独特的风味蜚声世界，赢得了"烹饪王国""食在中国"的美誉。

从新中国成立到现在，伴随着社会日新月异的发展，我们的生活发生了翻天覆地的变化。中国穿越了物质生活的不同层面，让百

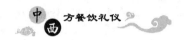

姓体会最深的无疑是饮食的变迁，人类社会每前进一步，饮食往往相伴而行。人们的饮食从过去的短缺走向富足，从过去的单一走向多样，从吃饱到吃得健康、绿色、安全，从原来的"温饱型"到现在的"绿色、营养、健康型"……

新中国成立初期，由于生产力尚不发达，虽无兵燹之灾，却有荒歉之虑。"三年困难"时期，"吃"对于多数中国人来说已无讲究可言，更多的是一种生存的需要，不求山珍海味，只求填饱肚子。但有时，即便是填饱肚皮也成了一种奢侈的渴求。

到了20世纪70年代，虽然那段可怕的饥饿岁月已经过去，但当时物资仍然匮乏，中国人的粮食仍不宽裕。提起当年的状况，给人们留下印象最深的便是票证的故事。粮票成了与人们生活息息相关的首要物品。那时，到外地出差，临行前务必要兑换一些全国通行的粮票，不然指定要挨饿。在那样一个物资匮乏的年代，人们的饮食观念并无多大变化，精打细算着怎样填饱肚子才是关键。

到了20世纪80年代，改革开放的春风吹遍了神州大地，中国由传统计划经济转向市场经济，各种食物的消费量全面上升，食物供给满足温饱需要，过于单一的粮食型食物结构开始向多样化转变。中国的经济开始复苏，菜市场如雨后春笋般出现，电视上也出现了一些专门讲解烹饪技术的节目，饮食又被人们津津乐道起来。

到了20世纪90年代，经济的高速发展带来了饮食文化的革命。中国人的温饱问题已经基本得到了解决。人们的三餐各有讲究，而且亲朋好友之间的聚会、各种筵席也有了排场。对于普通百姓而言，进餐馆尝鲜也不再遥不可及，过年、过节、过生日设宴款待亲朋好友成为时尚。鲍鱼、海参、鱼翅等开始出现在人们面前，各种档次和风味的餐厅酒肆随处可见。此外，随着生活节奏的加快，人们的消费观念也发生了变化，花在一日三餐上的时间减少了，各种成品、半成品、速冻食品及快餐备受青睐，在外用餐占食品支出的比重明显上升。

进入21世纪以后,我国饮食行业更是迅速发展,人们对吃也有了新的观念。健康饮食观念深入人心,人们早已不再为没有吃的发愁,而是为不知道该吃什么烦恼。随着科技的进步,老百姓的菜篮子越来越丰盈。然而,蔬菜中残留的农药、反季节蔬菜对健康的害处、肉制品中注射激素的残存,使人们的饮食观念也随之改变。于是,各种绿色食品相继问世,人们开始讲究吃得健康。蔬菜要吃无污染的,粮食要吃当年的,鱼虾要吃鲜活的,肉禽要吃排酸的。从吃多吃好到吃少吃精,从细粮为主到粗细搭配,中国人的健康观念在此时迈上了一个新台阶。

第二节 西方饮食文化

一、西方饮食文化概述

古老的黄河流域是东方文明的发源地,灿烂的东方文明从这里开始。而在西方,古巴比伦文化发源于美索不达米亚,美索不达米亚是希腊人的称法,意思是两河之间的地方,即幼发拉底河和底格里斯河流域,就是西方文化的起源。

所谓"西方",主要指当今的"西方国家"。"西方国家"并不完全是自然地理上的概念,它是一个统称。人们常说的东西方国家划分有三个标准:地理位置、文化背景和政治体制。若只考虑地理位置,英法美等处于西半球的国家可称为西方国家;若从文化背景上讲,西方国家多信奉基督教;若从政治体制上讲,西方国家自认为实行民主制度。但是受冷战结束及全球化的影响,目前对东西方国家划分的界线也逐渐模糊。本书中所讲述的"西方国家"是以饮食方式来划分,即饮食为西餐的国家。这里所指的西方国家大多是欧美国家。

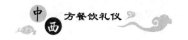

所谓"西方饮食文化",是指西方人在长期的饮食品的生产和消费实践中,所创造并积累的物质财富和精神财富的总和。西方的饮食文化有起伏而又悠久的历史,我们可以说意大利菜是鼻祖,法国菜是国王,美国菜是新贵。西方国家的日常饮食都是以肉食为主、素食为辅,这是一个重要的特点。中国有著名的八大菜系等,西方国家也有很多饮食种类,著名的有意大利菜、法国菜、美国菜、德国菜、俄罗斯菜等。

传统观念和意识形态的不同导致饮食观念的差异。许多人认为造成这种差异的原因在于西方信奉唯心哲学而东方信奉唯物哲学。在唯心哲学影响下,西方人认为食物主要是用来充饥的,饮食过程只是一个生命必需的摄取营养的过程。西方人认为西餐的营养结构的搭配更加合理,虽口味千篇一律,但节省时间,且营养良好。可以这样讲,西餐对营养的要求高于味道。

餐饮文化的发展是社会各个方面共同作用的结果,社会制度及政治等都是餐饮文化发展的影响因素,西方是私有制国家,西方人对人的尊严和权利颇为重视,从饮食来看,在西餐的饮宴上,每一个人都有自己的领地,所有的食物——陈列出来,大家各取所需,自己吃自己的,互不干扰,这种饮食方式,反映了西方的社会制度,同时也体现了西方人对个性、对他人和对自我的尊重。

西方的饮食观念同西方整个哲学体系是相适应的。形而上学是西方哲学的主要特点。西方哲学所研究的对象为事物之理,事物之理为形上学理,形上学理互相连贯,便结成形而上学的哲学。一方面,这一哲学给西方文化带来生机,使之在自然科学上、心理学上、方法论上实现了突飞猛进的发展。但另一方面,这种哲学主张对餐饮文化的发展也产生了负面影响。

餐饮文化的发展实际上对应着历史的发展,如果仔细研究餐饮文化的发展,就能推断出社会的转变及历史的发展。饮食与餐具之间在发展过程中是一种相互促进的关系。最早的餐具不论是为人所用还是为神所用，它们的发展都推动了饮食的整体发展。

可以说古罗马时代对整个西方中世纪的盛期和晚期的饮食都有重大影响，决定着整个西方国家饮食的发展方向。从中世纪早期到中世纪晚期的过渡过程中我们可以发现，早期对食物的量的要求较高而不是食物的质，到了中世纪晚期，人们更多的是对食物加工的要求，即对食物的品质要求有了明显的提高。

中世纪晚期是一个餐饮文化迅速变化的时期，这一时期的变化主要体现在饮食的社会规范上，如进餐顺序等。这不是一种饮食的法律，而只是一种社会规范，餐饮业在这一时期也有了很大的发展，小酒馆等相继出现。

餐饮文化的变革与发展几乎与科学的发展是同步的。中国的四大发明之一印刷术的出现对西方餐饮文化的发展也起到了很大的促进作用，主要是促进了烹饪书籍的传播。这一变革对西方餐饮文化产生了深远影响。科学的不断发展促进了农业的不断进步与变革，这一切都是西方餐饮文化发展的重要影响因素。

在18世纪的西方，随着1789年法国大革命的爆发，西方餐饮文化面临着一场大的变革。工业革命是西方从封建社会向资本主义社会转变的重要标志，工业化的发展与进步，促进了饮食行业的进步，食品从最初的手工加工向工业化发展。此时资本家是占少数的，而工人却占大多数，在这一时期中产阶级的餐饮文化成为主流。到19世纪的中后期，城市中的餐馆、酒吧等在人们的生活中起到了越来越重要的作用。餐饮文化在西方国家的差异性渐渐缩小，地区之间的发展水平越来越趋于一致。

战争给餐饮文化带来了怎样的影响？第一次世界大战和第二次世界大战时期，由于战争的破坏，生产力下降，粮食产量急剧下降，人民面临温饱问题的严峻考验。这种情况直到二战结束才有了根本性的转变。战争结束后首先要解决的问题就是温饱问题。新一轮的餐饮文化的发展从这里开始了。此时时间的指针已指向了20

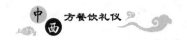

世纪中期,这一时期西方餐饮文化中的各种社会规范已经形成,不同场合有了不同的饮食规范。各地区的餐饮文化差异在不断减小。餐饮业迅速发展,使得西方的饮食结构、饮食方式、烹饪方法等各个方面基本定型,与今天的差别也越来越小。

西方饮食文化的发展历程

通常人们所说的"世界餐饮的三大菜系"是指以法国烹饪为代表的西方菜系、以中国烹饪为代表的东方菜系和以土耳其烹饪为代表的中东菜系。广义上的"西餐"是指中餐以外的其他国家的餐饮。狭义上的"西餐"则是对欧美各国餐饮的统称。

西方餐饮文化的发展历程可以分为以下三个阶段:以意大利菜为代表的古代时期,以法国菜为代表的近代时期,以英国菜和美国菜为代表的现代时期。

(一)以意大利菜为代表的古代时期

在古代,意大利的饮食烹饪文化直接受到古希腊和古罗马的决定性影响。《牛津食物指南》指出,在公元前5世纪或前4世纪以前,希腊的许多城邦就有了高度发展的烹饪技术,罗马的烹饪本身就受到希腊文化的强烈影响,当大部分地区都成了罗马帝国的一部分后,罗马的烹饪又成了"西欧大多数国家烹饪的直接渊源"。仅以正餐及宴会的组成与格局为例,公元前4世纪时在雅典精心制作的正餐,开始时要上一篮子烤面包,然后第一道菜是由各种开胃食物和调料组成,与面包一起供享用;第二道菜是由牡蛎、海胆、金枪鱼等海产品和蔬菜水果组成的,仍然伴有烤面包;第三道为主菜,所用原料有鱼类、家禽家畜及其他肉类,并配以酒;第四道是餐后甜点,多用蛋糕、奶酪和干鲜果品等制成。这个格局几乎是后来所有西餐风味流派的正餐与宴会格局的蓝本,到如今,西式正餐基本格局大多是开胃菜、汤、主菜、甜点等。

意大利烹饪直接承继希腊、罗马烹饪发展而来，却放弃了导致罗马帝国灭亡的奢华之风，并且在 15 世纪以前形成了独特的烹饪风格，处于整个欧洲的领先地位。意大利的烹饪艺术家充分展示才华，在烹饪中讲究选料清鲜、烹饪方法简洁，注重原汁原味，各种菜肴和面食品不仅传统且家庭气息浓郁，使意大利烹饪具有了古朴的特色。用最简单的烹饪工艺制作出最精美、最丰富的菜点，成为意大利人对美食的理解与追求。

在 1475 年编撰出版的烹饪书籍 *PLATINA* 中载有一个名叫 Martino（马蒂诺）的厨师手写的菜谱，该菜谱不仅描写了意大利面食的地位和宴会在宫廷生活的角色，而且抛开烹饪工艺极其复杂的菜肴，着重记述了一些烹饪工艺简单、适宜家庭使用的菜肴。由于 *PLATINA* 的广泛传播和无数烹饪艺术家的不懈努力，意大利烹饪在 16 世纪呈现出繁荣兴盛的局面，并强烈地影响着其他西方国家，成为西方饮食烹饪的领导者。

然而，17 世纪初，那些在很多领域包括在厨艺上都展现了天赋和才华的意大利艺术家开始出现疲态，甚至可以说江郎才尽。大约就是那个时候，欧洲烹饪艺术的领导地位开始从阿尔卑斯地区转移到法国去了。从此以后，意大利烹饪基本结束了突飞猛进的发展，而在保持自己烹饪特色的基础上进入长时间的平稳发展时期。

意大利菜味道浓厚、朴实，意大利人喜欢原汁原味，一般都会直接利用食材内在的鲜味烹制。在烹调技术上，常用炒、煎、炸、红烩、红焖等方法。橄榄油、黑橄榄、干白酪、香料、番茄与马尔萨拉酒是意大利菜常用的调味料。意大利菜品种非常丰富，有各种通心粉、比萨、海鲜，葡萄酒风味各异、品种繁多。面包、橄榄油是意大利餐桌上不可或缺的食品。比萨原本是为方便外带而制作的，很少出现在高级餐厅里，最多只是以开胃拼盘的形式出现。但是，比萨却是深受大家喜爱的全球通行的美食。据统计在意大利有超过两万家比萨店,大家都习惯将比萨折起来拿在手上吃,因此好的比萨必须软硬适中,即使将其折叠起来,外层也不应破裂。上等比萨应当具有以下特质:新鲜饼皮、上好芝士、顶级比萨酱、新鲜馅料。美食是意大利人生活中的一大乐趣,一般正式的传统意大利晚餐会有四五道菜式,吃的程序、餐具的精美程度、火腿和葡萄酒的年份等都有很多讲究。意大利的面食在西餐当中也独树一帜。大多数历史学家都认为是马可·波罗将面食从中国带到欧洲的。意大利面大部分都用模子做成特定的形状,且名称由其形状决定,常见的有通心面、细通心面、螺旋面、蝴蝶面、宽长面、实心面、贝壳面、细长面、小辫面、车轮面等。意大利人善于将简单的食物做得美味而且富有艺术性,许多传统的意大利菜都会放入各种香草,如迷迭香、鼠尾草、罗勒草、花薄荷、百里香、虾夷葱等。

(二)以法国菜为代表的近代时期

法国菜深受意大利烹饪的影响,却又结合自己的优势发展壮大,青出于蓝而胜于蓝,最终形成了自己的特色,从而成为17世纪到19世纪西餐的绝对统治者。

法国菜受意大利菜影响早在罗马帝国时期就已开始。当时,法国人的烹饪十分原始、粗犷,见罗马人的烹饪较为高超、奢华,便开始学习并逐渐脱离了原始状态,烹饪时讲究以大取胜。例如,在宴会上,人们常常将鱼、肉等烹饪、拼装成一个庞大的菜肴,由身强力壮的仆人抬出来,放在宴会桌上供欣赏、享用。到了中世纪,法国烹饪用料逐渐广泛,烹饪日趋精致,开始追求滋补与欣赏的双重目的。14世纪末,国王查理五世的首席厨师古叶劳姆·蒂雷尔首次整理、总结法国烹饪,口授了名为《食物供应者》的烹调书。该书记录了给食物上色、加香料的方法和用面包屑增浓调味汁等方法,也介绍了特色菜品烤天鹅、烤孔雀的制法,指出在天鹅或孔雀烤熟后要插羽毛,使其恰似一件艺术品。不过,这一时期,法国菜基本受意大利的影响，亦步亦趋，缺乏自己的特点，也缺乏吃的礼仪。

直到 17 世纪，法国菜才真正形成了自己独特的烹饪风格，并取代意大利而成为新的统治者。而这在很大程度上要归功于两大事实：一是意大利的两位公主先后嫁给法国的两位王储。1533 年，讲究美食的凯瑟琳公主嫁给亨利二世，以 50 名私人厨师作陪嫁，随之带入了意大利先进的烹饪方法和新的原料。亨利二世即位后，凯瑟琳成为宫廷宴会的核心，又为亨利三世娶了意大利公主玛利亚。在两位公主的大力推动下，法国更是大量引入意大利的菜点和烹饪技艺，使法国菜有了极大的发展。二是法国有一个美食之都——巴黎，《牛津食物指南》指出，美食的所有资源都集中在那里，最好的烹饪原料、最好的烹饪制作者和最敏感的味觉鉴赏力都能在那里找到。当时的国王和贵族大多是美食家，对饮食精益求精，法国厨师们"常常感到一种超越过去的责任，通过更新观念和采用新的味道来推进烹饪艺术"，对烹饪工作极端认真。如 1671 年，贡代亲王宴请路易十四，他的领班厨师瓦泰尔得知送来的鲜鱼无法满足宴会的使用，认为这将导致菜肴出现缺陷，因此拔剑结束了自己的生命。这样，法国菜在广泛吸收意大利烹饪精华的基础上出现显著变化，逐渐形成了华贵、精美的特色，即选料精细、味美形佳、菜点豪华繁多。

到了 18、19 世纪，法国菜已十分成熟，在西方国家极负盛名，法国厨师被西方各国高价聘任，各国厨师也纷纷到法国学习烹饪。一时间，法国菜成为西餐的绝对统治者，是西方人饮食生活中最热门的话题。20 世纪时，法国菜进一步成为举世闻名的西方重要风味流派。法国厨师被世界各地的大饭店广为聘请，法国菜和法国餐厅成为高级烹饪的代名词。可以说，20 世纪的法国菜虽然没有路易十四时的豪华，但其影响力和传播范围却超过此前的任何时代，算得上是西餐的国王。

法国菜无论从视觉上、嗅觉上、味觉上还是触觉上，都给人以美的享受，并且非常讲究环境与服务的艺术性。精致、优雅和艺术化，是法国菜的突出特征。大多数法国人喜欢肥浓、鲜嫩的味道。法国菜比较讲究吃半熟或生食，牛排、羊腿以半熟鲜嫩为特点，牛排一般只要求三四成熟，烤牛肉、烤羊腿只需七八成熟，而牡蛎一类大都生吃。每种菜的配菜不能少于两种，而且烹法多样，仅马铃薯就有几十种做法。法国菜选料广泛，常选用稀有的名贵原料，如蜗牛、青蛙、鹅肝、黑蘑菇、鸽子、鹌鹑、野兔等，菜品常按季节及时更换。法国是优质葡萄酒、香槟和白兰地的产地之一，在烹调焗蜗牛、大鹅肝、黑蘑菇等菜品时都会放一些酒。法国人对酒在餐饮上的搭配使用非常讲究。吃法国菜如果没有葡萄酒，会是一件令人扫兴的事。法国人爱吃猪肉、牛肉、羊肉（肥嫩的）、鸡、龟、虾、鸡蛋和各种烧卤、香肠，饭后的布丁、奶酪、水果也是不可缺少的。法国人还喜欢喝浓咖啡。除精致可口的美食本身之外，餐桌摆设、用餐着装和举止礼仪等，在法国餐饮文化中也占有重要的地位。法国菜在享用时非常注重餐具的使用，精美的刀、叉、盘或酒杯，均可衬托出法国菜的高贵气质。

　　然而，20世纪中叶，法国菜的尊贵和权威地位遇到了简约而大众化的烹饪流派——英国菜和美国菜的挑战，丧失了其绝对的统治地位。

　　（三）以英国菜和美国菜为代表的现代时期

　　英国菜与美国菜都是西餐中历史相对短暂的重要风味流派。它们或多或少地受到意大利菜和法国菜的影响，但最终与当地的特点有机结合，形成了自己的特色。就英国菜与美国菜在西餐中的作用和影响而言，英国菜起着重要的桥梁作用，美国菜大约到20世纪中叶时才逐渐与意大利菜和法国菜抗衡而部分地成为西餐潮流的领导者。

英国菜在其发展过程中长期受到意大利和法国菜的极大影响。11世纪前，英国先民的烹饪十分原始、粗犷，对菜点的数量要求比质量要求更高。11世纪中叶以后，诺曼人进入英国，带来了法国、意大利的生活习惯、生活方式和烹饪技术，才使英国烹饪走上文明之路。14世纪的手抄食谱显示着法国烹饪对英国烹饪在术语和烹饪技法上的巨大影响。16—17世纪是英国烹饪发展的重要时期，一方面，由于英国王室和贵族的大部分成员热衷于法国菜，上层社会的烹饪以法国菜之精美特色为主；另一方面，由于受国王亨利八世拒绝罗马教皇控制的影响和接受斥责肉体享受、对烹饪没有兴趣且不支持的清教徒思想，中下层尤其是下层社会的烹饪更多地沿袭和推崇英国追求简单、实惠的古老传统，形成简约的特色，即简单而有效地使用优质原料，并尽力保持原有的品质和滋味。到18世纪和19世纪，英国烹饪简约的特色进一步发展。此时出现的食品工业就是简约特色与工业革命结合的产物。莉齐·博里德《英国烹饪》一书指出，在1760年至1830年，失去土地的农民成了产业工人，只有简陋的炊餐器具且没有时间做饭，不得不普遍依靠现成食品和食品商的服务。不断增长的城市人口的吃饭问题成了食品工业发展的动力。经过多年的试验和失败，脱水食品、罐头食品及冷冻食品终于被成功地送上餐桌。从此，工业化的食品在英国人的生活中占据了显著的地位，以至于英国人自嘲地说："英国人只会开罐头。"

"法国人为吃而活着，英国人为活着而吃"——英国人不像法国人那样崇尚美食，相对来说，英国菜比较简单、清淡，喜酥香，不食辣，但注重用餐情调与用餐礼仪。简洁与礼仪并重，是英式西餐的典型特征。虽然英国人"不精于烹调"，但英式早餐却比较丰富，英式下午茶也是格外丰盛和精致的。英国菜的烹调方式较为简单，以烧、煮、烤、焗、烙为主。调料中很少用酒，常常是做菜时什么调味品都不放，盐、胡椒或芥末、辣酱油之类的调味品大都放在餐桌上，吃的时候依个人爱好自由挑选。英国菜选料比较简单，偏爱牛肉、羊肉、禽类等；英国人口味清淡，喜欢原汁原味。对早餐和下午茶的讲究，体现出英国饮食的传统与品位。英式早餐以熏咸肉、烩水果、麦片、橘子酱为主，午餐一般很随意，下午习惯饮茶或咖啡、吃茶点，晚餐通常比较正式。英国人很爱饮茶，每天会喝晨茶、上午茶、下午茶、晚茶和饭后茶，对茶具及喝茶的艺术都很重视。晚餐也是英国人生活的重要组成部分，一般联络感情及重大宴请活动都会放在晚上，晚餐花上几个小时是常有的事。

美国菜主要源于英国菜，但也受到法国、意大利等国烹饪的影响。在 1607 年开始的早期移民运动中，英国人占了很大的比例，其中有许多是清教徒。他们利用当地的食物原料烹饪出英国风格的菜肴，使得这里的饮食烹饪具有浓厚的英国气息。此外，由于早期移民的生活条件十分艰苦，食物原料缺乏，依料烹饪，也使他们在烹饪上不得不承袭英国烹饪简单、实惠的传统特色。到了 18 世纪和 19 世纪，美国大量涌入了西方各国的移民，经济日益繁荣，与欧洲的交流更加频繁，于是在饮食烹饪上也融入了更多的风格。例如，爱尔兰移民在宴会上仿效法国人的习惯，将每道菜都配上相应的酒；托马斯·杰斐逊在当美国总统之前，游历法国、意大利等西方国家，带回了许多菜点和烹饪技法。如此一来，在美国的上层社会，人们醉心于欧洲贵族的生活方式，法国菜成为展示地位的标志，法国厨师在许多大城市深受欢迎。可以说，在这一时期，美国菜以英国菜为基础，深受法国、意大利烹饪的影响，美国是积极的学习者。

但是，当 20 世纪到来以后，机器加工和科学技术使美国经济飞速发展，也使美国烹饪脱颖而出，形成了简单、方便、快捷的特色，而最具代表性的就是工业化生产的各种饮料和快餐食品、速冻食品等。仅以快餐为例，20 世纪 50 年代，一方面，科技革命和管理革命极大地提高了劳动生产率和劳动者的收入，人们迫切需要简单、方便、快捷的食品，也渴望并且有条件实现家务劳动包括家庭烹饪的社会化。另一方面，机器加工和科学技术造就了生产的自动化，既促进了传统手工烹饪在一定程度上向现代工业烹饪的转变，也促进了食品加工技术与手段的提高，于是出现了麦当劳、肯德基、哈帝等现代快餐企业。它们集现代科学与机器加工技术于一身，以标准化、规模化、工业化的手段，制作出简单、方便、快捷的食品，极大地满足了人们的需要。随着时间的推移，极具特色的美国烹饪在强大经济实力的支持下昂首进入欧洲，并且产生了极具震撼力的影响，最终跻身于当今西方烹饪领导者的行列。

 推荐阅读书目

1. 《中外饮食文化》（何宏编著，北京大学出版社2016年出版）
2. 《中国饮食文化》（邵万宽主编，中国旅游出版社2016年出版）
3. 《中国饮食文化》（贺正柏主编，旅游教育出版社2017年出版）
4. 《漫话西方饮食文化》（朱玉、刘巧燕主编，重庆大学出版社2016年出版）

第二章 中西方饮食文化差异

饮食文化是社会文化的重要组成部分，中西方饮食文化的差异非常显著。这些差异体现了中西方在饮食观念、烹饪方法、餐桌礼仪和餐具使用等方面的不同。

第一节 中西方饮食文化差异的表现

、从饮食观念看中西方饮食文化差异

（一）感性的中国人追求的是美味和享受

中国有句俗话："民以食为天，食以味为先。"在中国的饮食文化中，对味的追求往往大于对营养的追求。在中国人的眼里，"吃"远不单纯是为了饱，也不仅仅是为了营养。人们在品尝菜肴时，往往会说这盘菜好吃，那道菜不好吃，然而若要进一步问什么叫好吃，为什么好吃，好吃在哪里，恐怕就不太容易说清楚了。这说明中国人对饮食追求的通常是一种难以言传的意境。中国人的饮食强调感性和艺术性，以追求"美味"为饮食的最高要义，会千方百计地把普通而又平常的菜品做出味道，对饮食的感性追求压倒了理

性。这种价值理念的差别构成了中餐过于注重饭菜的"色、香、味"特点。这种饮食观念与中国传统的哲学思想是吻合的。中国菜的制作方法是调和,最终都要调和出一种美好的滋味。这一切讲究的就是分寸,就是整体的配合。它包含了中国哲学丰富的辩证法思想。

(二)理性的西方人更多关注营养与生存

在西方国家,饮食大多仅仅作为一种生存的必要手段和交际方式。西方饮食观是一种理性观念,不论食物的色、香、味、形如何,营养一定要得到保证,讲究一天应该摄取多少热量、维生素、蛋白质等。西方人对待饮食的态度主要坚持其实用性特征,重视食物对人体的健康,不过分追求其花样和其他功能。他们认为"吃"只是为一个生物的机器加入"燃料",保证其正常工作、生活的运行,只要吃了以后能保持身体健康,抵御病菌的攻击,其他方面并不用讲究。法国烹调虽追求美味,但它始终不忘"营养"这一大前提。虽然现在的中国人也讲究营养保健,也知道蔬菜爆炒加热后会丢失一部分维生素,生吃则避免丢失,可还是宁愿选择前者,因为习惯使然,更是因为味道确实好多了。

从餐桌礼仪看中西方饮食文化差异

中西方国家之间的餐桌礼仪差别很大。下面先梳理一下中西方餐桌礼仪的差异,然后再透视其背后隐含的中西方饮食文化差异。

(一)就餐前的中西方餐桌礼仪差异

就餐前的餐桌礼仪主要是入座、餐具及菜品摆放等方面。在这个方面,我国的习惯是入座必须讲究对长辈和客人的尊敬,要优先请他们入座,而且是上座。中国人习惯用圆桌或者八仙桌待客。对门为上,两侧为偏座。请客时,主宾、年长者或社会地位高的人坐于上座,男女主人或陪客者坐下座,其余客人则按顺序坐偏座。在我国较为传统的上菜次序为先上凉菜,再上热菜,最后上主食和餐后甜点。热菜之中,一般先上炒菜,再上烧菜。一些主要的菜品遵循"鸡不献头、鸭不献尾、鱼不献脊"的传统礼貌习惯,以示尊重。中餐餐具的摆放礼仪较少,常见的如筷子要摆在碗碟的右侧等。

西方国家在就餐前要对女士表示尊重,如邀请女主人坐到主位上,而对就餐人员的年龄和身份并没有过多的重视,但同样遵循以右为尊的原则。西方人请客宴席一般多用条桌,男女主人分坐两侧,然后按男女主宾和一般客人的顺序安排座次。西方国家上菜时,一般先上开胃菜,再上汤品,然后是副菜(主要是鱼类),接着上主菜(一般是肉禽类食品),再上蔬菜,最后以甜品、饮品结束。西方国家对餐具的摆放要求较多,特别是刀与叉的摆放,一般叉放在左边,刀放在右边,并保持刀口向内。此外,西方国家还特别注重餐巾的使用。

(二)就餐中的中西方餐桌礼仪差异

我国的餐桌礼仪在就餐过程中讲究热闹。在漫长的历史中,形成了诸如行酒令之类的餐桌文化,以活跃餐桌的气氛,显示主人的热情与真诚。人们通常认为餐桌是拉近彼此关系,或进行事务洽谈的重要场所,因而会在就餐过程中频繁地劝酒、敬酒,并讲究一定的尊卑次序。主人也会承担起调解餐桌氛围的职责,并会主动劝客人品尝菜肴或劝酒。

西方国家的餐桌礼仪讲究安静的氛围,并通过进餐时是否安静来判断一个人的气质与风度,因而他们不会在进餐时高谈阔论,不会频繁地劝客人吃菜、喝酒,即使要敬酒,也是点到为止,并不会强求。客人自主进餐,也会毫不客气地选取自己喜欢的菜品和酒类。进餐时，西方国家讲究把菜品吃完以示对主人的尊敬。

（三）就餐后的中西方餐桌礼仪差异

在我国的餐桌礼仪中，如果将筷子横放在饭碟上，则表示已经进餐完毕，之后，主人一般会继续陪客人喝茶闲聊。如果是在餐馆里，一般都是一个人买单，在有人请客的情况下，请客的人要主动买单；如果没有特定的请客人，而是多人聚餐，则就餐后经常会出现纷纷抢着付款的情形。如果有剩菜剩饭，人们有时会碍于情面，不会主动选择打包带走。

在西方国家的餐桌礼仪中，如果把刀叉摆做刀口向外，叉尖朝上的样子，或将餐巾摆放到桌面上表示用餐完毕，主人看到客人示意用餐完毕，不会再劝客人继续进餐。如果是多人聚餐，西方国家讲究 AA 制，并且会在餐后支付给服务人员一些小费，对于剩菜剩饭也会乐意打包带走。

中西方国家在餐桌礼仪方面所显现出来的差别，主要源自以下两个方面的文化差异。

（1）中国人追求尊卑次序与整体和谐。餐桌上的座次安排、菜品的摆放规矩、敬酒的复杂规矩都体现出这种尊卑文化。一方面，谦让是我国餐桌礼仪中隐含的重要文化，对长辈的谦让、对客人的谦让，都成为一种约定俗成的规矩。另一方面，在餐桌上，中国人更喜欢通过热热闹闹的形式来营造气氛，特别是年夜饭，直接代表着团聚与家的文化。不难发现，中国人餐桌上的很多菜品都有着关于整体和谐文化的寓意。在这样注重尊卑与集体的文化中，能够发扬尊老爱幼的传统文化，提升集体凝聚力，加深集体成员之间的感情，却可能会忽视个人的诉求。

（2）西方人崇尚以人为本与个体自由。西方国家餐桌礼仪中的谦让文化与我国大有不同，体现出了对客人的客气和对客人选择的尊重。总体来说，这是一种以人为本的文化，将人的需要放在第一

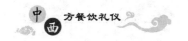

位，在餐桌上，将客人的需要放在第一位。这一点也体现在西方人对菜品的设计上，他们更加注重菜品营养的均衡，把饮食作为一种补充营养的方式。

与中国人注重集体的餐桌文化不同，西方人崇尚个体自由。他们实行分餐制，自己取用喜欢吃的食物，不会为他人挑选食物，主人也不会劝酒。这是一种对个性的尊重，因而西方人率先推出了自助餐的形式。相比于我国的餐桌礼仪，西方人更加注重个体独立性，这种价值观有利于独立精神与品质的培养，但也存在忽略集体文化的弊端。因此，对待西方国家的餐桌礼仪，必须保持理性的态度。

从餐具使用看中西方饮食文化差异

在饮食文化中，器具是比较重要的环节，饮食器具不但有取用并盛放食物的功能，还需具有美观的效果。美食佳肴也要有精致的餐具烘托，才能达到完美的效果。中西不同的饮食器具分别是筷子与刀叉、圆桌与条桌、圆锅与平底锅。

（一）从筷子与刀叉看中西方饮食文化差异

中国人最基本的用餐工具是筷子，中国人习惯使用筷子合餐，成双成对的筷子也体现了家庭团圆和谐。中国人早在春秋战国时期就开始使用筷子，筷子可以说是人类手指的延伸。从最常见的筷子外形来看，是手持面为方形面，入口端为圆形面，上方下圆的特点体现了中国传统文化中的"天圆地方"的天地观，而方圆结合的特色也体现了中国传统文化的"天人合一"的人生观，这在很大程度上体现了中国传统文化的和谐共融思想。

西方人的主要饮食器具是刀叉。刀叉是用金属制造的，坚硬而锐利，给人一种理性的冷峻感觉，代表着西方文化的特质。刀叉代表了西方工业社会的文化特色：自己动手、独立性强、重解析。西方人在进餐时习惯右手握刀切割食物，左手用叉将食物送入口中。他们喜欢将一整块的食物放在盘中，自己独立来完成食物的分割工作。这强烈地体现了西方人的征服欲，把人与自然二元对立、物我两分的特质表现在了餐桌上。西方人"重分离"，认为人是独立的，人与自然处于分离状态，所以人要探索、认识、征服大自然。

（二）从圆桌与条桌看中西方饮食文化差异

在中国，任何一个宴席，不管是什么目的，都只会有一种形式，就是大家团团围坐，共享一席。筵席要用圆桌，这就从形式上造成了一种团结、礼貌、共趣的气氛。在中国人看来，吃很重要，但是交流感情同样重要。美味佳肴放在一桌人的中心，它既是一桌人欣赏、品尝的对象，又是一桌人情感交流的媒介物。人们相互敬酒，相互让菜、劝菜，在美好的事物面前，展现了人们之间相互尊重、礼让的美德。虽然从卫生的角度看，这种饮食方式有明显的不足之处，但它符合我们民族"大团圆"的普遍心态，是中国人传统"和"与"合"文化的体现。

西方饮食文化中用于宴席的器具则多是条桌。西式宴席的核心在于交谊，通过与邻座客人之间的交谈，达到交谊的目的。如果将宴会的交谊性与舞蹈相类比，那么可以说，中式宴席好比是集体舞，而西式宴会好比是男女的交谊舞。由此可见，中式宴会和西式宴会交谊的目的都很明显，只不过中式宴会更多地体现在全席的交谊上，而西式宴会多体现于相邻宾客之间的交谊上。西方最为流行的饮食方式是自助餐，是将食物一一在条桌上陈列出来，大家各取所需，不必固定在椅子上吃，走动自由，这种方式便于个人之间的情感交流，不必将所有的话摆在桌面上，表现了西方人对个性、对自我的尊重，也是西方文化中独立自主的体现。但各吃各的，互不相扰，缺少了一些中国人聊欢共乐的情调。

（三）从圆锅与平底锅看中西方饮食文化差异

（1）中国餐饮文化中烹饪器具主要是圆锅，圆锅是中国最普遍的烹饪工具，它的底呈圆弧状，用它做菜，可以把食物从单一到整体汇集的烹饪方式体现了中国传统文化哲学中的"和"与"合"。中国人一向以"和"与"合"为最美妙的境界，如音乐上的"和乐"、医学上的"气和"、国家层面的"政通人和"和婚姻上"天作之合"等，而当一切美好的事物凑集在一起时，我们将其称誉为"珠联璧合"。而这种"和合"的思想体现在烹饪上就表现为"五味调和"。所以中国菜几乎每道菜都要用两种以上的原料和多种调料来调和烹制。中国人把做菜称为"烹调"，美味的产生，在于调和。

（2）崇尚自由的西方人重分别与个性。西方餐饮文化中的烹饪器具主要是平底锅。烹饪时，平底锅不便使食物上下翻转，所以食物从头至尾仍是各自分离的，如牛排和煎蛋，烹饪前后形状没有太大改变。这体现了西方饮食文化中的"分别"与"个性"，是崇尚平等、独立的西方文化突出个体的表现。西菜中除少数汤菜之外，正菜中各种原料互不相干，鱼就是鱼，牛排就是牛排，纵然有搭配，那也是在盘中进行的。

四、从饮食内容看中西方饮食文化差异

中国是一个农业大国，中国人的传统饮食习俗是以植物性食料为主，主食是五谷，辅食是蔬菜，外加适量肉食和奶制品。"宁可无肉，不可无豆"，这句谚语很好地体现了蔬菜类食物在中国饮食结构中的重要性。"常吃素，好养肚"也可以反映出这一点。中国人之所以以植物为主菜，跟佛教有着很大的关系。佛教认为，动物是"生灵"，不可以杀死，更不可以吃，植物是"无灵"，所以主

张素食主义。以热食、熟食为主,也是中国人饮食习俗的一大特点。这和中国文明开化较早和烹调技术的发达有关。中国古人认为热食、熟食可以"灭腥去臊除膻"(《吕氏春秋》)。中国人的饮食历来以食谱广泛、烹调技术精致而闻名于世。史书载,南北朝时,梁武帝萧衍的厨师,一个瓜能变出十种式样,一个菜能做出几十种味道,烹调技术的高超,令人惊叹。

西方饮食与中国人多食谷物、蔬菜恰恰相反,西方人多食荤腥,以动物性原料为主。西方的饮食,由于生产方式以畜牧为主,肉食所占比例一直很高。到了近代,种植业比重增加,但是肉食的分量仍然大大高于中餐。西方人在饮食方面,侧重于动物蛋白质和脂肪的摄入,主要是以牛肉、羊肉等为主的菜肴。有人根据中西方饮食对象的明显差异这一特点,把中国人称为植物性格,西方人称为动物性格。与此同时,西方人喜爱冷食,餐桌上也会有沙拉、拼盘等凉菜。除此之外,西方人喜欢生吃蔬菜,如番茄、黄瓜等。

第二节　中西方饮食文化差异的原因

一、农业结构的差异

中国国土辽阔,历史悠久,地理环境多样,物产丰饶。这些有利的条件都为中国饮食文化的形成提供了充分的物产资源。我国的主食以稻米和小麦为主,另外,小米、玉米、荞麦、马铃薯、红薯等也占有一席之地。中国饮食主食以水稻和小麦为主要原料的形势是受作物"南稻北粟"分布影响的。而且由于长期以来中国百姓生活水平受到经济条件的限制,肉食在中国饮食中占的比重较小。百姓的日常饮食以粮食和蔬菜为主,肉食为辅,通常在过节时才会去做美味的肉食。

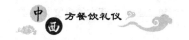

美国东临大西洋，西临太平洋，暖湿气流给美国三分之二的土地带来了丰富的降水，对于牧草生长来说很合适，耕地面积小于草原面积的自然条件决定了其畜牧业发达，畜牧业在农业结构中占主导地位。欧洲西部受西风带控制，属于温带海洋性气候，多阴雨天气，冬无严寒，夏无酷暑，一年四季降水比较均匀，不利于粮食作物及油料作物的生长，但利于多汁牧草生长。因此，一般以畜牧业、花卉种植业等农业类型为主。欧洲东部，属于温带大陆性气候，由于远离海洋或者地形阻挡，湿润气团难以到达，因而干燥少雨，农作物以耐旱的小麦为主。这样的农业结构决定了西方人的饮食以肉食与面食为主。

、价值观念的差异

价值观念是基于人的一定的思维感官而做出的认知、理解、判断或者抉择，也就是人们认定事物、判定是非的一种思维方式。价值观念对人们自身行为的定向和调节起着非常重要的作用。因此，价值观念的不同会影响人们对事物的看法。

西方人喜欢个人主义，他们更喜欢一个人吃饭。西方的饮食文化处于"分离"的状态。这与中国的分享方式有很大的不同。例如，在西餐桌上，人们也围坐在桌子旁，但每个人都有自己的盘子、叉子、刀子和勺子。他们根据自己的喜好把食物放进自己的盘子里，然后一个人慢慢地吃，这在很大程度上受到个人主义价值观的影响。西方人崇尚个人主义价值观，个人目标高于群体。也就是说，每个人对自己负责，可以根据自己的喜好选择群体。西方人注重个性自由发展。他们把个人作为发展的中心，强调个人的自由、热情和主动性。

中国人喜欢大圆桌，在宴会中营造一种团结和谐的气氛。长期以来，中国人喜欢与家人、朋友分享食物和其他东西。当晚餐开始时，主人通常会告诉客人菜肴的名字，并热情地邀请客人品尝。客人赞美菜的味道会使主人相当高兴。这种模式的文化已延续了数千年，事实上，其内涵更像食物本身，也意味着统一、幸福和满足。从中我们可以发现，中国人非常崇尚集体主义价值观，集体主义在文化中占主导地位，强调个人服从集体。人们追求个性和自由生活方式的独立发展，被认为是一种严肃的个人主义。人们相互敬酒、相互问候，反映了各种传统美德，如相互尊重、相互关心。这与中华民族的团圆心态相吻合，也体现了中国古典哲学的"和谐"。

三、哲学观念的差异

哲学体系在文化中是相当重要的。就西方制度而言，人们更倾向于形而上学。也就是说，世界是孤立的、静态的、片面的。如果有任何变化，那只是数量和地点的变化，但这种变化的原因不是在事物内部而是在事物之外。就是说，人们应该用最直接的方式看待事物，追求事物的透明性而不注重内部关系。在饮食文化中，它以最直接的方式呈现给人们，没有任何华丽的点缀。无论是菜单还是摆盘，这都符合西方做事的原则。因此，当中国人与西方人相处时，往往会有这样的感受：西方人是严谨的、顽固的。西方人认为营养是饮食的最高标准，这一概念进一步反映了他们的直接行为和思想。在形而上学的哲学思想影响下，西方人对现实与客观的追求表现出高度的热情。

与西方人不同，中国传统哲学最鲜明的特征之一是模糊且难以捉摸。它从不追求客观性和真实性，而是强调分寸、整体合作和适度。抽象的分寸感和适度性很难界定，但中国人在模糊概念之间达到了完美的平衡境界。在烹饪中，中国人注重整体的整合。他们根据自己的经验协调菜肴的各个部分，以形成美味的食物。同时，经验模糊,同一菜肴也可能有不同的味道。中国人总是以经验把握菜肴,追求烹饪技艺的随意性和艺术性。

推荐阅读书目

1.《中西饮食文化比较》(张捷、李悦主编,上海交通大学出版社 2017 年出版)

2.《滇爨饮食文化的传承与实践》(侯邦云著,云南大学出版社 2021 年出版)

3.《韩国饮食文化研究》(张学莲著,浙江工商大学出版社 2022 年出版)

4.《中古华北饮食文化的变迁》(王利华著,生活·读书·新知三联书店 2018 年出版)

第三章 中餐礼仪探究

用餐作为社会性活动的一种，说难不难，说简单也不简单。想要在餐饮活动中展示自身礼仪修养和个人品位，就要顾及餐饮活动从开始到结束各个环节的行为规范，给人留下大方得体、知书达礼的印象。

中餐礼仪，是中国饮食文化的一个重要组成部分。饮食文化是中国传统文化的重要组成部分，它所包含的不只是与西餐迥异的难以尽数的古今菜谱与食单，中国人的饮食品类、烹调手法、饮食方式、礼俗和饮食审美风尚等，都有自己的独到之处，正如孙中山先生所说，"单就饮食一道论之，中国之习尚，当超乎各国之上"，"中国烹调之妙，亦足表文明进化之深也"。

中餐礼仪源远流长。中国的饮宴礼仪始于西周时期，经千百年的演进，当然不会再有"梁鸿孟光举案齐眉"那样的日子，但也还是形成了今天大家普遍接受的一套饮食进餐礼仪——现代的中餐礼仪。中国古代的餐饮礼仪十分繁缛，过去的那一套礼仪制度当然不适用于现代社会。但是，我国是礼仪之邦，讲究"民以食为天"，人们在餐饮活动中非常重视礼节、礼貌，古代饮食礼制经过几千年的传承与发展，已经形成了很多优良的传统，一直流传至今。随着中西饮食文化的不断交流，中餐的受众不仅是中国人，还越来越受到外国人的青睐。而这种看似最平常不过的中式餐饮，与之相关的

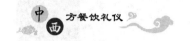

礼仪却是有一番讲究的。

中餐礼仪让人们在用餐过程中更加懂得尊重他人、注重细节。在现代社会,餐桌上的礼仪更是成了人们展示自己修养和品位的重要途径。因此,我们应该更加重视和传承中国餐饮的礼仪,让这一瑰宝继续闪耀光芒。

学习中餐礼仪,主要需要掌握筷子文化、席位排列、用餐方式(宴会、工作餐等)、时间及地点选择、餐具使用(杯、盘、碗、碟、筷、匙的使用)、菜单安排及用餐举止等方面的规则和技巧。本书重点探究的中餐礼仪包括中餐座次安排礼仪、中餐餐前礼仪、中餐餐中礼仪、中餐餐后礼仪、中餐宴会礼仪及中餐酒水礼仪等方面,希望可以帮助读者在一餐一饮之间展现良好的修养和品位。

第一节　中餐座次安排礼仪

座次的安排,是整个中餐礼仪中最重要的一部分。只有充分了解座次(包括桌次)安排的礼仪或原则,才能更好地为宾客提供规范、热情、周到的服务。

 家庭宴会

中国人讲究长幼有序,进食用餐时也是一样的。通常是主宾坐定后,宾客再依次序坐下,最后是主人。若有长辈在场,则长辈先坐,坐定后晚辈再坐。如果没有主宾和长辈,那就女宾先坐。

 同事、朋友等平辈聚餐

朋友之间的聚餐就不必太过拘泥,通常主人礼让宾客坐在较好的位置。一个餐厅中较好的位置,就是面向整个餐厅、面向门口、远离卫生间和厨房、非宾客经常走动、靠窗可以观景的位置。

三、商务宴请

在公务或商务聚餐这样较为正式的宴会上，从就餐席位的安排就可以看出主人社交段数的高低，因为安排席位需要考虑到许多方面，如上下位之分、宾客的层次是否相当、座位左右宾客有无共同话题、性别安排是否恰当。

（一）桌次

如果是正式宴会，所设餐桌不止一桌，排列桌次的基本原则有三。

1. 以右为上（图3-1）

当餐桌分左右时，应以居右之桌为上，即右手边的一桌为主桌，左手边的一桌则为次桌。此时的左右，是在室内根据"面门为上"的规则所确定的。

2. 以远为上（图3-2）

当餐桌距离餐厅正门有远近之分时，通常以距门远者为上。

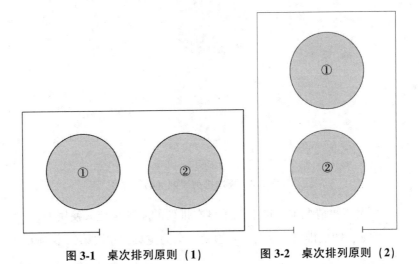

图3-1　桌次排列原则（1）　　图3-2　桌次排列原则（2）

3. 居中为上（图 3-3、图 3-4）

当多张餐桌并排列开时，一般居中央者为上。例如，有三桌时，中间的一桌为主桌，右边或距门远者为次桌，左边或距门近者为辅桌。

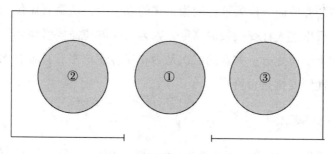

图 3-3　桌次排列原则（3）

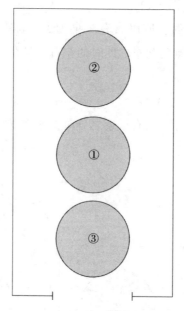

图 3-4　桌次排列原则（4）

在大多数情况下，以上三条桌次排列的原则是交叉使用的。

例如，四桌排成一字时，右边第二桌为主桌，左边第二桌为第二桌次，右边第一桌为第三桌次，最左边的这桌为第四桌次（图3-5）。

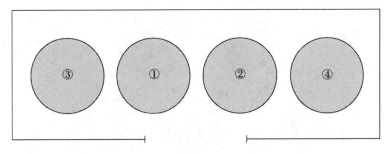

图 3-5　桌次排列原则（5）

又如，五桌排为轴心环绕形式时（图3-6），中央这桌为主桌，右边离门较远的一桌为第二桌次，左边离门较远的一桌为第三桌次，右边靠门较近的一桌为第四桌次，左边靠门较近的一桌为第五桌次；当五桌排为梅花形时（图3-6），离门最远的一桌为主桌，右边离门较远的一桌为第二桌次，左边离门较远的一桌为第三桌次，右边靠近门的一桌为第四桌次，左边靠近门的一桌为第五桌次。

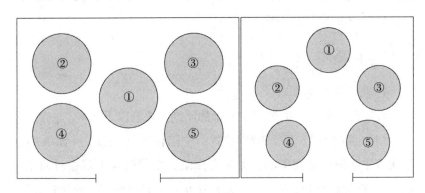

图 3-6　桌次排列原则（6）

再如，七桌排为轴心环绕形式时（图3-7），根据以上三条原则，具体排列情况与图3-6类似。

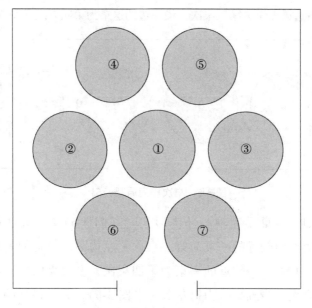

图 3-7　桌次排列原则（7）

要特别注意的是，如果宴会桌次比较多，在具体安排桌次时应遵循"高近低远"原则，即相对比较重要的桌次安排得离主桌近一些，反之，可适当远一些。

（二）座次

1. 座次安排的原则

在现代意义上，中餐座次安排的原则主要有以下几个。

（1）面门为上。面门居中位置为主陪位置（主位）（图3-8）。座次以主陪的座位为中心，如果有副陪，则背门与主陪相对而坐。如果在宴请时是男女主人（如夫妻双方）一起出席，一般男主人坐主位，女主人位于男主人的对面。

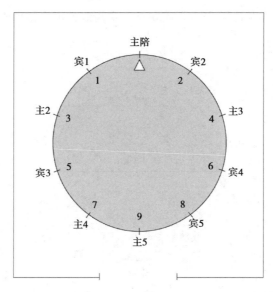

图 3-8　座次排列原则（1）

如果主宾身份高于主人，为表示尊重，也可以把他安排在主陪位置，主人坐在主宾的位置。

（2）以右为尊。就某一具体位置而言，右侧要高于左侧之位。一般情况下，主陪的右侧为第一主宾，左侧为第二主宾（图3-8）。如果有译员则安排在第一主宾右侧。

（3）距离定位。距主陪近的位置要高于距主陪远的位置。距离主陪越近，位次越高；同等距离，右高左低。

2. 座次的排列方式

正式的中餐宴会通常采用圆桌。座次的排列方式主要有以下几种。

（1）只有主陪没有副陪，宾主10人（图3-8）。图中的1~9为主陪之外主宾座次顺序，即按照从1号位到9号位的顺序依次安排，1号位位次最高，9号位位次最低。主宾双方可交错而坐。请特别留意一下主5和宾5的座次安排。

（2）既有主陪又有副陪，宾主10人（图3-9）。先从主陪左右开始安排，再从副陪左右开始安排。主宾双方可交错而坐。

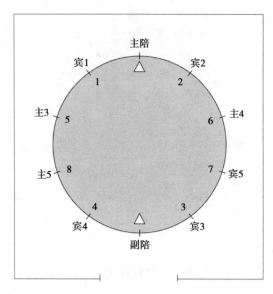

图 3-9　座次排列原则（2）

（3）既有主陪又有副陪，宾主 10 人（图 3-10）。先从主陪和副陪右边开始安排，再从主陪和副陪的左边开始安排，即按照右高左低的原则依次呈对角线排列。主宾双方可交错而坐。

（4）传统意义上的中餐就座礼仪，或者说在非常正式的中餐宴请场合，要按主副相对、以"尚左尊东"的原则排列，即主位的左侧依次为 1、3、5 等，右侧依次为 2、4、6 等，直至会合（图 3-11）。如果餐桌正对大门，则正对大门的位置为主位；如果餐桌不正对大门，则面东的位置为主位（若是两人坐一起的八仙桌，则右侧的位置为尊位）。

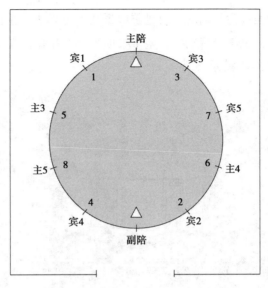

图 3-10 座次排列原则（3）

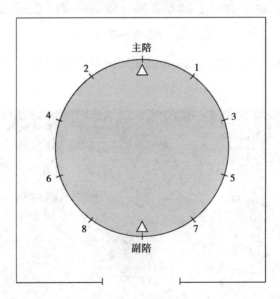

图 3-11 座次排列原则（4）

主位的安排很重要。那么，什么是"主位"？主位也就是主陪的位置，应该是面门的位置，这是可以看到自己的宾朋进去的最佳位置，视野是最为开阔的。通过餐巾折花也可以辨认主位，主位的餐巾花最高，也是最特别的，整个桌面上只有主位的花形是与众不同的，如图 3-12 所示。

图 3-12　座次排列原则（5）

背有靠山为主位，可以通过装饰的背景墙来确认主位的位置（图 3-13）。

图 3-13　座次排列原则（6）

要特别注意的是，第一，具体来说，应该采用哪一种排法，得考虑参加宴会人员的组成情况，如家庭宴请时，宴请方和来宾方是不是夫妻一起参加；单位宴请时，是不是单位的第一、二把手或主要领导同时参加；等等。其实，也没有一个绝对的标准，要根据具体情况具体来定。第二，在安排多桌宴请的桌次时，除了要注意"面门定位"（正对大门）、"以远为上"（离大门更远的餐桌宜为主桌）等规则外，还应兼顾其他各桌距离主桌的远近。通常，距离主桌越近，桌次越高；距离主桌越远，桌次越低。整个宴会桌子的大小、形状要基本一致，除主桌可以略大外，其他餐桌都不要过大或过小。

第二节　中餐餐前礼仪

一、宴请礼仪

（一）宴请原则

每桌宴席的每一细节都有规则，纷繁复杂的宴请礼仪，使我们一边品味食物，一边展示自己的修养。举办一场宴会之前，需要考虑的细节问题有很多，需要遵循的宴请原则如图3-14所示。

（1）费用（Money）。在筹备一场宴会之前，对此次宴会必定要有一个预算，费用是控制宴会整体档次的一个因素，无论是场地选择，还是菜肴搭配、参与人数，都应根据总体的费用来决定。中国的传统惯例是由主办方，也就是主要宴请人来承担宴请费用，因此应提前做出统筹安排，以避免结账时的尴尬。

作为客人在赴宴之后也应避免询问饭菜的价格，这是主人的心意，不要以价格作为衡量和比较的标准，应尊重主人的安排。有教养的客人不会用花费的多少来度量主人的诚意,所以,安心享受宴会美食即可,而不要打听花了多少钱。

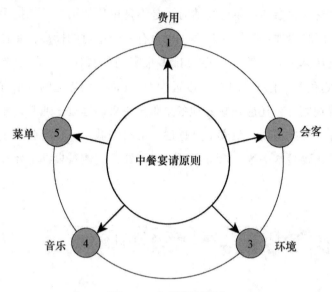

图 3-14　中餐宴请原则

(2) 会客 (Meeting)。邀约谁来出席、谁是主角、谁是配角等也是需要考虑的问题,甚至主宾和陪客之间的关系也是筹划宴请名单时需要斟酌的。如果邀约的是朋友、同事,话题就比较充分,而且拟定邀约时的名单也不用太费周折。但如果因酬谢或致歉而宴请,可能在邀约时就需要考虑谁来作陪更合适,更能让主宾开心。

如果宴请的是少数民族朋友或外国友人,那么最好再邀约一两位熟悉他们的风俗习惯或者有共同语言的客人,这样餐桌气氛会比较融洽。

(3) 环境 (Milieu)。宴请地点的选择直接决定宴请的成功与否,正式宴会来不得丝毫马虎。成熟的餐厅或酒店会有比较丰富的接待经验,私人性质的聚餐强调特色,有独特魅力的餐厅往往在开餐之前就会为嘉宾带来惊喜。宴请时,选择环境要有以下几方面的考虑:第一,卫生条件要好,这是首选因素;第二,环境要有特色，要么隆重，要么幽静，要么有档次，总之应该有打动人心之处；第三，确保安全，如果是大型宴会，一定要确保餐厅的各项安全措施是到位的，在宴会中不能发生任何意外。

（4）音乐（Music）。吃饭时讲究气氛，有时欢乐的气氛就是被音乐渲染出来的。因此，像西贝莜面村这样的餐厅，悠扬的蒙古族长调和富有特色的蒙古族歌谣常常令客人赞叹不已。大型的宴会，主人通常会安排乐队表演，有时一曲老歌会唤起在场所有客人的热情。当然，音乐的选择需要注意一点：不要影响其他桌次的客人，在雅间或包场可以稍微自由一些，如果在大厅中，则应考虑不使其他就餐客人受到过多影响。

（5）菜单（Menu）。菜单体现了主人对菜式的安排能力，因此吃什么也是非常重要的一项内容，毕竟宴请是以"吃"为主题的，菜肴是否可口、搭配是否合理都会直接影响宾客的胃口。当然，能够让嘉宾喜欢是最重要的，不过还有一点也应考虑：尽量点安全的菜肴，不要点容易触碰别人禁忌的菜肴。大型宴会的菜肴没有给人惊喜不是错误，但如果触碰了客人的职业、宗教、健康等方面的禁忌则是最大的错误。

（二）邀请技巧

一个令人难忘的邀约理由是一场成功的宴会的开端。它一定是一个完美的开篇，才能让一个宴会情趣盎然，否则，干瘪勉强的主题很难使宴会愉快融洽。要知道不是所有的宴请，别人都会欣然前往，现代人很少会为吃而吃，更多的是为情谊而吃、为感觉而吃。

1. 邀约原则

（1）态度诚恳自信。你有多诚恳自信，对方就有多难以拒绝；相反，如果邀约之人发出的邀请支支吾吾、含糊其词，给人以犹豫试探的感觉，那么大多不会邀约成功，不是因为理由不充分，而是因为态度不坚决、不肯定、不自信，使人对邀约的诚意产生疑问。

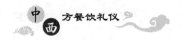

（2）理由充分，不容易被拒绝。邀约的理由充分就不容易被拒绝，人们通常会因为什么而请客呢？表达感谢、表示歉意、联络感情、有事相求、分享喜悦等都可能成为宴请的理由，但前提是你要把这个理由描绘得很充分、很得体。理由越充分，越彰显诚意，被接受的可能性自然就越大。

如果选择的邀约理由自己听起来都觉得勉强，那么成功的可能性自然就大大降低。所以，理由要足够充分，让客人觉得这个宴请应该接受才行。一件事情总有很多种表达方法，而你要做的是选择客人最愿意接受、最难拒绝的那一种。

邀约要选择时机，比如，你想宴请某人，就不要选择他正和其他人聊天时发出邀请，你若只邀请其中一个人，就会有厚此薄彼之嫌，而他为了避嫌自然要婉拒。如果你想邀约某人用餐，最好选择在餐前，此时身体也有这方面的生理需要，若再能选择合适的缘由，那么就很容易邀约成功了。

2. 宴请的理由

正所谓无功不受禄，没有正当合理的缘由，客人不敢贸然赴约。所以，一定要找到合适的宴请理由，让用餐者没有负担，一定不要过分强调餐厅有多高端，菜肴有多丰盛，陪同的人有多隆重，如果是非官方、非正式的宴请，这样的理由恐怕会吓退很多人。

钱锺书在《吃饭》一文中写道："吃饭有时很像结婚，名义上最主要的东西，其实往往是附属品。吃讲究的饭事实上只是吃菜，正如讨阔佬的小姐，宗旨倒并不在女人。这种主权旁移，包含着一个转了弯的、不甚朴素的人生观。辨味而不是充饥，变成了我们吃饭的目的。舌头代替了肠胃，作为最后或最高的裁判。"在宴会上，我们反复咀嚼和回味的有时是餐桌上的语言和表现，而并非食物的味道。吃饭的名义也就是宴请的理由，当然是至关重要的，因为它引领饭局的主题和谈话的走向。

（1）分享喜悦。分享喜悦是所有宴请理由当中最让人难以拒绝的理由之一，分享别人的喜悦是一种传统美德，而喜事作为用餐的主题，也无疑是受人欢迎的。

 案例

作为"空降"而来的领导，张局长一直觉得找个理由和大家联络一下感情是非常必要的，他希望自己被认可的是能力而不仅仅是职位。

在和新同事都不十分熟悉的情况下，儿子考上大学这件事作为庆贺的理由显然是非常合适的，当然在邀请的时候也包括了和他关系微妙的副局长，因为此前副局长被看作理所应当的局长接任者，不承想却"空降"来了张局长，所以，副局长最近情绪低落，和张局长的交流也非常少。

张局长率先邀请的就是副局长李乾："李局长，晚上一起吃顿饭吧，还有赵科长和徐处长。"

李副局长刚要婉拒，张局长继续说："别拒绝，今天，我有特别高兴的事要和大伙分享，虽然是私事，却是我这么多年最重要的一件事，儿子考上了北大，今天特别高兴，说什么也得出来喝两杯。"

这下，李副局长不好再说什么了，这么高兴的事若不给面子，显然不近人情。

分享喜悦当然也包括共同庆祝某些事情取得成功，比如，部门通过验收，取得良好成绩，部门领导宴请团队成员，或宴请给予协助和帮助的客户，共同分享喜悦之情。

（2）感恩和感谢。表达感谢是一个非常合理的宴请理由，感激的话语在餐桌这种轻松愉悦的氛围中表达出来既不显得过分刻意，又能把感情恰到好处地传达出来。懂得感恩和感谢的人也是受人欢迎的人。感恩和感谢的邀约，可以进行得正式一些，如登门邀请就

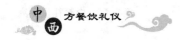

比电话邀约显得更隆重而懂礼。

但在事情完成之前不要轻易地隆重答谢,以免使人产生要挟之感。表达感谢的宴请最好在事情完成之后进行,此时大家都有愉快和轻松的心情。

(3)表达歉意。有时候一顿宴请也有表达歉意的功效和作用。道歉有哪些方式?可以通过言语致歉,也可以通过小礼物表达心意,还可以通过宴请来当面致歉,餐桌上推杯换盏之际,误会、失误、愤怒、生气都有可能烟消云散。

(4)联络感情。朋友常走动才亲密,而餐桌无疑是联络感情的最佳场合,选个轻松惬意的餐厅,三五知己,浅酌几杯,分享一下最近的心情和工作,感情也就在餐桌上不断升华。

(5)求人帮忙。这是与利益相关的一种宴请,也是最容易被拒绝的一种宴请,由于将一桌饭赋予了太多现实意义,所以宴请者小心谨慎,受邀者也不敢贸然赴约。

宴请成功与否取决于邀请者给予这顿饭的含义,说得轻松,应者轻松,说得隆重,应者艰难。

3. 邀约技巧

请客吃饭不仅是为了享受美食美酒,在很多时候也会变成一种交际手段,甚至是生意投资,因此宴请也是需要技巧的。

(1)直接邀请。不加遮掩、不做铺垫,直接登门隆重邀请,不失为一种率性并且较难让人拒绝深情厚谊的方法。登门邀约需要勇气,也就带有必须成功的信念。这样的邀约,会使受邀人放心、踏实,不会揣测你有别的动机或目的,说得直接坦诚,有时会令邀约成功率大大提高。

(2)间接邀请。间接邀约是指以其他的事情或物品作为桥梁顺理成章地提出邀约用餐的请求。比如,最近新得了一些好茶、新发现了一家不错的餐厅、有一瓶好酒想与知己对饮等。

(3)利用时间。利用时间是指想要邀请某人,可将拜访拖延至用餐时间,说一句"反正你我都要吃饭,不如我们一起吃顿便餐吧"。这样的邀约方式不太容易被拒绝,反正大家都要吃饭,这是非常合情合理的事情,那么一起吃也无不可。但这需要邀约者非常自信并且有预先的判断,否则邀约失败也很尴尬。

(4) 巧妙设局。在打算邀约某人之前,先邀约其他客人或陪客,而这些人中有被邀请人非常在意或者正要相见之人,巧妙地借用设置好的饭局,来邀请被邀请人。吃饭吃的就是情谊,若都是交流愉快、谈话投机的人,被邀请人应邀也是在预料之中的事情。

另外,进行宴请邀约时,应表现出足够的诚意,这是最能打动人心的。诚意并非一句话可以描述清楚的,而是透着坚持和毅力,足够的耐心和勇气会使邀约格外具有分量。总之,邀约有术,诚意为先。

(三) 选择餐厅

中国有一句古语"民以食为天",饮食既是为了满足人的基本生理需求,也承载着中国的传统习俗。

中国人设宴的原因可以是庆贺、祝贺,也可以是哀痛、消愁。因此,在选择餐厅上也会有所不同,每逢农历新年、中秋节等,中国人便会一家老少聚首饭桌前共贺佳节,因此很多餐厅推出了年夜饭、团圆饭;有时为了欢庆一些重要事情,如考上大学、职位高升、乔迁之喜等,餐厅会推出谢师宴、升迁宴、乔迁宴。此外,在中国若有人离世,丧家也会在葬礼完成后设解慰酒,宴请出席葬礼的亲戚朋友,向他们表示谢意。可见,中国人十分重视聚首饭桌前分享喜乐与悲哀。

选择一个好的餐厅,让宴会在优雅的环境、细致的服务、诱人的美食、醉人的美酒中进行,这是事半功倍的好方法。

(1) 契合主题。选择餐厅时,应首先考虑餐厅的氛围是否符合此次宴请的主题,如果是喜庆的主题,那么餐厅的装修、环境、餐具和氛围就要有红色调、暖色调或者有喜庆的感觉。如果是比较私人的宴请，则应考虑餐厅的私密性，安静优雅的餐厅更适合聊天。如果是为了祝贺"高中"或"高就"，则可以选择有乐队的餐厅，以更好地烘托气氛。

　　三五知己好友聚餐，海底捞就是许多人的首选，那里殷勤的服务真的会让每位客人都有宾至如归的感受，服务员如朋友般友好，可以与客人聊天或者开玩笑。他们也不把服务当作劳累的职业，而是享受其间，这种阳光的感觉也很容易影响顾客，所以，比较亲密的朋友聚会在海底捞这样的餐厅是颇为惬意的。

　　（2）菜品优良。归根结底宴请还是以吃为主题，因此一定要选择菜品质量有保证的餐厅，再好的主题，如果菜品糟糕就很难烘托出气氛和感觉。而且宴请大多在用餐时间进行，基本生理需求不能得到很好满足就无法推进主题。

　　（3）富有特色。一个有特色的餐厅，往往能给用餐者带来惊喜，这种惊喜也许来自可口的食物，也许来自殷勤的服务，也许来自用餐的环境。吃饭是重要的，但用餐过程中每一个细节都可能带来愉悦或糟糕的感受。

　　很多人来到北京都想去品尝一下全聚德的烤鸭，更想看看烤鸭师傅当着客人的面一下下片烤鸭的样子，这便是特色、独一无二的全聚德味道，再加上周恩来总理对全聚德"全而无缺，聚而不散，仁德至上"的精辟诠释，更让人对这家餐厅怀有不一样的感情。

　　全聚德和平门店是宴请国内外政要首脑的重要场所，因此该店以名人、名店效应为出发点,环境风格以高雅祥和为特色。其中"名人苑"的设计以歌颂新中国领导人为主题,渲染龙凤呈祥、群贤毕至的意境,寓意中华民族振兴、"全聚德"事业兴旺;由众多国家元首在全聚德用餐时留下的珍贵照片组成的"名人墙"及一百多个国家的大使签名留言组成的"百名大使签字墙",更是引得顾客驻足观赏,赞叹全聚德独特的人文景观;金碧辉煌的四楼"金色大厅"运用现代多媒体技术和舞台灯光效果,集演出、会议、聚餐等功能为一体,更显名店风范。在全聚德和平门店宴请,客人感受到的是尊贵和重视。

(4)交通便利。交通也是选择餐厅时要考虑的要素之一,交通应以主要客人越便利越好为原则,并考虑是否有停车场。有的餐厅位于小巷深处,虽说"酒香不怕巷子深",但是对于不熟悉当地路况的客人来说,左拐右拐才能找到,这不仅会耽误客人的时间,也会造成麻烦。

(5)有备无患。宴请客人最安全的方法是:请熟悉的客人,尝试不熟的餐厅,可以探路考察、寻访美食;请不熟悉的客人,要去熟悉的餐厅,对各方面的情况比较了解,这样才可以避免意外或尴尬的情况发生。

选择一个优质的餐厅,不仅给人视觉与味觉的享受,更是一个人品位与能力的体现,于细微处见功夫。让客人进入与身份和主题对等的餐厅,宴请也就成功了一半。

、餐前服务礼仪

(一)预订服务礼仪

(1)宾客订餐、订座,服务员应主动接待,视宾客国籍热情大方地先用英、中文问候："Good morning, sir/madam"，"Good afternoon, sir/ madam"，"Good evening, sir/madam" 或 "早上/中午/晚上好，先生/小姐"。

（2）礼貌地问清宾客姓名、房间号或电话、宾客用餐人数、时间、标准并迅速记录在预订本上，询问宾客就餐是否有特殊要求。

（3）用礼貌热情的语气征询宾客，无其他意见后，重述预订宾客姓名、房间号、用餐时间、人数、标准及特殊要求并获得宾客确认。

（4）做好记录，提前安排好座位。

（5）电话订餐或订座，铃响三声内接听，繁忙时请宾客稍后，并表示歉意。

（6）接听电话语气要温和亲切，吐字清晰。

（7）预订准确，安排适当，等待宾客的到来。

（二）迎宾领位服务礼仪

1. 迎宾礼仪

迎宾员在服务中要积极主动，答问要热情亲切，使宾客一进门就感觉到自己是最受欢迎的尊贵宾客，从而留下美好的第一印象，把进餐厅用餐视为一种享受，因此迎宾员应注意以下事项。

（1）上岗前，应做好仪容仪表的自我检查，做到仪容端庄、仪表整洁。

（2）提前到岗，站在大门两侧或迎送台一侧，随时做好拉门迎客准备。

（3）宾客到来时，应面带笑容，和蔼可亲，要热情上前鞠躬，并致以亲切的问候，说："先生（小姐）您好，欢迎光临！""您好（早上好/晚上好），请问有预订吗？"

（4）如果是男女宾客一起进来，要先问候女宾，然后再问候男宾；遇到年老体弱的宾客，要主动上前搀扶，悉心照顾（如宾客表示不愿意,则不必勉强)。

要特别注意的是,宾客进入餐厅时应该主动帮助宾客提、放、存随身物品,并把这些物品放在合适的地方,但一定要先征得宾客的同意,假如宾客认为不行或不习惯别人帮助接物,就不必拘泥于酒店迎宾规则礼仪。

 案例

一杯白开水

这天午餐时间,某餐厅里座无虚席。这时一位宾客招呼服务员:"小姐,请给我倒一杯白开水好吗?"服务员迅速地到厨房里倒了一杯白开水,为宾客送到餐桌上。这位宾客随即从口袋里拿出一包药,又摸了摸水杯,皱了皱眉头,服务员发现了宾客的细微动作,立即询问宾客:"给您杯里加些冰块降温好吗?"宾客高兴地说:"太好了,谢谢你!"放入冰块后,水温降了下来,宾客及时吃了药。临走时,宾客给餐厅写了封表扬信,表扬了这位服务员。

顾客要一杯白开水很简单,但是能注意到顾客的细微动作就很考验服务员的细心,并且体贴的举动,让顾客铭记在心,一封表扬信就是很好的说明。

(5)当宾客走进餐厅时,楼面服务员应面带微笑,向宾客问好或点头致意;问候时应双眼注视宾客的眼睛,切忌左顾右盼,心不在焉,话语和眼神不一致是对宾客不尊重的一种表现。

要特别注意的是,也许餐厅确实非常忙,每位员工都忙忙碌碌,应接不暇,但不可以此为不问候宾客的理由。如果宾客只看到服务员从他们面前走来走去而对他们不闻不问,那就会使宾客十分扫兴,甚至很生气。

2. 领位服务

领位员在领位服务中应注意以下几点。

(1)问候。宾客进门后,立即迎候,面带笑容地说:"先生(小姐),您好!""晚上好!""请问,有预订吗?""请问,一共几位?"如果是男女宾客一起进来,按女士优先的礼仪规范问候。

(2)领位。领位时,应说"请跟我来""这边请""里面请",并用手示意,把宾客领到适当的位置入座或进入包房。应该根据宾客状况,将不同的宾客领到不同位置,具体见表3-1。

表3-1 领位时应该注意的问题

宾客状况	领位要求
重要宾客	可引领到餐厅最好的靠窗、靠里的位置或雅座,以示尊重
情侣或年轻夫妇	宜安排在较优雅或餐厅一角较安静的餐桌就座,以便于其小声交谈
服饰华丽、打扮时髦的女性	要引领其到众多宾客均可看到的显眼的中心位置就座,这样既可满足这部分宾客的心理需要,又能使餐厅增添华贵的气氛
全家人或众多亲朋好友聚餐	要引领他们到餐厅靠里的一侧或包房,这既便于他们安心进餐,又不影响其他宾客的用餐
带着小孩子的宾客	安排在孩子的声音影响不到其他宾客的餐桌
年老、体弱的宾客	尽可能将其安排在行走路线较短、出入较方便的位置,并应帮助他们就座,以体现服务的周到细致
有明显生理残疾的宾客	要安排在不太引人注目的位置,便于遮掩其生理缺陷,以表示体贴和关怀
单独用餐者	一般不喜欢在中间的餐桌就餐,可以引到靠窗边的位置
宾客要求指定位置	要尽量满足要求;如其他宾客已占用他要的座位,应礼貌地说明,并将宾客引领到其他合适的位置

要特别注意的是,靠近厨房出入口处的位置是最不受宾客欢迎

的位置，在用餐高峰时，应对安排在这里的宾客多说几句礼貌话，如"先生（小姐），十分抱歉。今天宾客太多，委屈您了，下次光临定为您安排个好座位"，以示关心与歉意。

在餐厅高峰期人员较满时，要耐心向宾客解释，并让来客有地方等候。可以建议宾客在酒吧中等候，这样可转移一下宾客的注意力，也可增加酒吧的销售量；如果他们不愿意去酒吧，则可建议他们在大厅或其他休息处等候；如果没有座位，可以有礼貌地如实告诉宾客需要等多长时间才能得到座位，由宾客决定是否等待。如果宾客时间有限，则可建议他们去其他餐厅，这样可以提高宾客的满意度。

（3）拉椅让座。迎宾领位人员将宾客带到桌位后，看台服务人员要主动与宾客打招呼，并对宾客说："您好，欢迎光临本餐厅！"同时要察言观色，根据自己的判断，按"先主宾、后主人，先女宾、后男宾"的顺序拉椅让座。拉椅的动作要用力适度，要顺应宾客入座的节奏进行，用双手和右脚尖轻捷地将椅子稍向后撤，待宾客屈膝入座时将椅子向前轻推，使宾客坐好坐稳。

要特别注意的是，如有儿童用餐，要主动调整座椅，方便儿童入座；如有宾客需脱外衣或安放随身物品，要主动协助。

（三）点菜服务礼仪

（1）宾客入座后，服务员应该按照先宾后主、先女后男、先老人后年轻人的顺序，在宾客右边上茶。斟茶时，应斟八分满。递茶给宾客时，切忌手指接触茶杯杯口，应礼貌地说"请喝茶"。

（2）选择好点菜时机，主动上前请宾客点菜。递菜单时要面带微笑、双手递上。

要特别注意的是，向宾客呈菜单后，应离开桌子一会儿，让宾客从容地选择，过几分钟后再回到桌边，礼貌地询问宾客是否准备点菜，若宾客还未准备好，就再等一会儿，这样就不会显出不耐烦,以免有催逼宾客的感觉。

(3) 宾客点菜时,服务员应站在宾客一侧偏前的位置,身体不要倚靠餐桌,上身微前倾,表示恭敬。及时记录宾客点的菜肴。同时,还要为宾客当好参谋,当宾客举棋不定时,应主动介绍餐厅的特色菜和时令菜,供宾客选择,服务员不要自作主张。

要特别注意的是,菜单是服务员用以推销产品的主要工具之一,也是将餐厅中的产品与宾客联系起来的主渠道,菜单反映出餐厅的风格和特色,服务人员应熟悉菜单上的所有特色菜点,以提供高水平的服务。

同时,服务员为宾客介绍别的菜式或今日叫座的美味时令菜时,要亲切而不是兜售。同时要注意说话的方式和语气,察言观色,注意宾客的反应,例如,问宾客是否吃主食时,正确的问法应是"您需要米饭吗";问酒和饮料时,如果问"您要饮料吗",宾客也许会说不需要,如果问"您要可乐还是啤酒",宾客就有可能会二选一。

(4) 如宾客点的菜肴已售完,不可简单地回答"卖完了",而应礼貌地致歉解释,求得宾客的谅解,并婉转地向宾客建议点其他类似的菜肴。

点菜不当致客拂袖而去

一天,餐厅里来了三位衣着讲究的宾客,服务员将其引至餐厅坐定,其中一位宾客便开了口:"我要点××菜,你们一定要将味调得浓些,样子摆得漂亮一些。"然后他转身对同伴说:"这道菜很好吃,今天你们一定要尝尝。"菜点完后,服务员拿订单去了厨房。再次上来时,服务员对宾客说:"先生,对不起,今天没有这道菜,给您换一道菜可以吗?"宾客一听勃然大怒:"你为什么不事先告诉我?让我们无故等了这么久,早说就去另一家餐厅了!"发了脾气后,宾客仍觉得在朋友面前丢了面子,于是拂袖而去。

在本案例中,服务员在班前未了解厨房备货、菜式情况,致使客人点这道菜时未及时指出售缺。另外,在语言上没注意讲话技巧,导致客人尴尬。

作为餐厅主管或领班必须事先与厨房沟通,了解当天的特色菜、促销活动,以及售缺食品等信息,班前会上告知所有当班员工。

如果确认菜肴售缺,可换个方式向客人说明,比如,"先生,这道菜是这里的特色菜,今天点这道菜的人特别多,已经卖完了,您能不能换道其他菜?××菜也是我们这里的特色菜,您不妨尝尝"。这样,客人会想酒店生意真不错,看来英雄所见略同,自己很有品位,能够吃到这里的特色菜,这样在朋友面前也有面子,很自然地接受服务员推荐的其他菜。或者说"先生,对不起,您点的菜因原料没有及时进货,原有的有点不新鲜,不能给您做出可口菜肴供您品尝,十分抱歉"。这显然是顾及客人利益之举,客人会对酒店产生极大的信任感,很自然地放弃这道菜,而点别的菜去了。

(5) 如宾客点的菜在菜单上没有列出来,应尽量设法满足,不可一口回绝"没有"。可以说:"请您稍等,我马上和厨师商量一下,尽量满足您的要求。"如确有困难,应向宾客致歉说明,敬请其下次光临或预约。

(6) 当宾客点菜完毕,还应主动征询宾客需要什么酒水和饮料。对宾客的特殊要求要注明在点菜单上,并与厨房做好沟通。全部记好后,再礼貌地复述一遍,得到宾客确认后,迅速将菜单递至厨房,尽量减少宾客等候的时间。

要特别注意的是,点菜要耐心回答宾客的问题,当宾客发脾气时,服务员要宽容、忍耐,避免与其发生冲突;注意礼貌语言的运用，尽量使用选择性、建议性语言；宾客所点菜肴过多或重复时，要及时提醒宾客；如果宾客所点菜肴需烹制时间较长时，要主动向宾客解释，告知等待时间，调整出菜顺序；如宾客需赶时间，要主动推荐一些快捷易做的菜肴。

三、餐具使用与摆放礼仪

从某种意义上说，中餐与西餐相比很大的不同就在于餐具的造型。各色餐具整齐地摆放在面前，可以令就餐者心情愉悦。餐具的设计基本上是为了便于盛放、拿取食物。

（一）中餐餐具的使用

中餐的餐具包括筷子、杯子、盘、碗、碟、匙等（图3-15）。

图3-15　中餐餐具的种类

1. 筷子

中国是筷子的发祥地，是世界上以筷取食的母国。筷子一头方、一头圆。方头象征着地，圆头象征着天。同一餐桌应使用相同长度、相同花色、相同材质的筷子。摆放的时候大头与桌沿齐平，筷尖朝里，平行对齐架放在筷架上或摆放在面前的小碟上。桌上应摆一副公筷。筷子摆放要整齐，不能歪斜，不要一长一短、一横一竖、一正一反，或者交叉乱放。

2. 杯子

（1）水杯。水杯是专门用来盛水、果汁、汽水、可乐等软饮料的杯子，通常比较大。水杯不要用来盛白酒，但可用来盛啤酒。不喝饮料时，应请服务员收起杯子，不要把杯子倒扣在桌子上。

（2）白葡萄酒杯。喝白葡萄酒的酒杯，杯肚和杯口都偏小，这样容易聚集酒的香气，不至于让香气消散得太快。细长的杯子则是用来喝香槟的，可以欣赏到气泡徐徐上升的过程，大杯子就没有这样的美感了。

喝时拿住杯脚下面的部分，手不要碰到杯身，因为白葡萄酒及香槟喝时通常是要冰冻的，而手的温度会使它温热起来。敬酒时可以用拇指、无名指和小指牢牢握住杯脚下方，中指扶着杯脚，食指轻搭在杯脚与酒杯连接处。手指尽量伸直，展现手部优美曲线。

（3）红葡萄酒杯。上身较白葡萄酒杯更深，且更为圆胖宽大，杯脚较短。敬酒、喝酒时用单手持杯，可以用食指和中指夹住杯脚，不宜触碰杯身，以防手的温度影响红葡萄酒的口感。

（4）白酒杯。喝白酒通常用小酒杯，敬酒时无论男女都用双手，右手持杯，左手轻托杯底。

要特别注意的是：① 在敬酒与人碰杯时，可以使自己的杯身比对方略低，表示你对对方的尊重；② 如果要敬酒给别人，要用右手持杯左手手指轻轻托在杯底，以示敬意。

3. 盘

个人食盘是放在每人面前的那一个，在转台公盘夹取食物后，先暂放在个人食盘内，再用自己的筷子夹食。自己的食盘要始终放在桌上，绝不可端起盘子，以口就盘吃盘中的食物。要始终保持个人餐盘内的整洁，不要把油污弄得满餐盘全是，不要把骨刺渣滓丢得满盘四散，要将它们聚集在一起，堆在盘内一角。

4. 碗、匙

碗是盛放食物的容器。饭碗一定要拿起来使用，一般右手持筷子，左手拿碗，用筷子将米饭一口一口夹起来吃。不要以口就着饭碗吃，即使是汤汁饱满的泡饭亦然。泡饭可以用汤匙舀着吃。舀汤时要把汤碗拿起来，另一只手用公匙把汤舀进碗里。在不搅动汤内食物的情况下，由内向外舀起，盛到八分满即可。喝汤时不要用汤匙撞击汤碗发出声音。

汤匙的拿法有点类似于写字握笔的姿势，以大拇指和食指轻扣汤匙上方，中指垫在下面，横拿使用。夹取较为松散的豆状食物、饱满多汁的汤汁食物时，都可以用汤匙辅助夹取。在中餐餐具中长柄匙的使用也是比较多见的。

（二）中餐餐具的摆放

中餐宴会摆台是一门技术，摆台的好坏直接影响到服务质量和餐厅的面貌。中餐各种餐具的摆放位置如图 3-16 所示。

图 3-16 中餐餐具的摆放

要特别注意以下五点：一是餐盘摆放距离要均等，距桌边约1.5厘米。二是味碟应摆放在餐盘的正前方，间距1厘米。三是筷子应放在筷架（放于味碟右侧）上，以出筷架约1/3为准，筷子尾部距桌边约1.5厘米；若使用长柄匙，应将长柄匙与筷子一起置于筷架上，匙柄与餐盘相距约3厘米，尾端离桌边约1.5厘米。四是小包装牙签，放在筷子的一侧约1厘米处。五是水杯（啤酒杯）、红酒杯、白酒杯位于餐盘的正前方，最左侧摆水杯（啤酒杯），红酒杯在中间，白酒杯在最右侧，间距约1厘米。三杯中心成一横直线。

第三节　中餐餐中礼仪

一、中餐"用餐礼仪"

（一）取菜规则

完美的宴席，不仅是从酒菜端上桌到曲终人散的那个过程。事实上，你的赴宴形象、餐桌礼仪及取菜的姿态等都是宴会的一部分。

 案例

于远是一家建筑设计公司的行政助理，他的老板姓陈，是一位知识分子型的企业家，白手起家打出一片天地，在业内小有名气。

有一次，于远陪老板约见客户，他们在餐厅边品尝美食边洽谈生意，开始相谈甚欢，但是正菜端上桌的时候，于远却连续几次在客户伸手取菜的时候转走转台。几杯酒下肚,于远站起身来"隔山探海"地取菜,对公盘里的菜肴挑挑拣拣,在服务员送来点心后,发现点心少了一份,他拍着桌子勃然大怒地说餐厅怠慢了客人,把年轻的服务员吓得连声道歉。

陈总倒是很平静,吩咐服务员再取一盘点心来,之后就和客人继续谈起生意。但是这单生意却没有达成协议,原因就是于远所表现出的冲动、缺少眼力、不稳重,导致客户担心业务交给这样的公司不能圆满完成。

1. 圆桌的取菜规则

(1)每道菜上桌后,都由主宾先动筷取食,再轮转由其余客人自行取用。主宾未动筷,其他人不要率先动筷。待所有人都依次夹取过后,就无先后顺序了。

(2)每盘菜上桌后,第一轮取菜时,自己夹取完毕后,要将台上的菜顺时针转到邻座面前,方便别人夹取。为别人夹取菜肴时,要用公筷母匙。

(3)别人夹菜时,不要旋转转台,也不要将自己的手伸出,跨越别人的手去夹菜,应等待别人取菜完毕后再夹菜。距离远的菜肴等转台转过来后就近夹取,不要站起来伸长手臂夹取。旋转转台时,动作要轻慢,绝不可用力过猛,使菜盘移位。

(4)夹取公盘内的菜肴时,要从边缘开始夹取,不要从中间下筷,更不要一下筷就破坏整盘菜肴的美观。

(5)第一轮夹取食物不要过多,适量盛取,以免后面的人没有食物可取。

2. 取菜礼仪

(1)菜肴一上桌由主人礼让主宾先开动,其他的人后取菜。主宾过度客气不立即取菜,其他客人就没有办法动筷,因此主宾不用推拒,迅速取菜即可。

(2)取菜时要适量拿取,用公筷夹取到自己的食盘或小碗里,夹回的菜肴应该尽量吃完，以免浪费。

（3）不要把从公盘里夹起的菜肴放回去，再去夹新菜，也不要因为吃不完或不喜欢吃而把自己食盘内的食物放回公盘里。遇到不喜欢吃或由于其他理由不能吃的东西可委婉地拒绝食用，不要夹取后不吃，堆在食盘里。

（4）夹取汤汁饱满的菜肴时，可左手拿汤匙承接滴落的汤汁。如果不小心把食物掉在餐桌上，不要再夹回公盘，可以用纸巾将它包起拿走。

（5）身为主人，礼让应适可而止，过度劝菜或不停地为客人夹菜会给人压力，变成强迫别人吃菜。

（二）用餐规则

1. 汤

喝汤时最先要注意的是姿势必须端正。将汤匙拿至嘴边时，上身易向前倾，变成"吸汤"，所以会发出声音。在欧美不叫"喝汤"，而是说"吃汤"，也就是要把汤送到嘴边吃下，这样便不会发出异响。

（1）喝汤的姿势。喝汤时脊背挺直，脸不可朝下，汤匙要横拿，略微倾斜使汤匙前端靠近嘴边，要诀是要把汤倒入嘴里。

（2）舀汤的姿势。右手拿汤匙、左手按住盘缘是最基本的姿势，舀汤时由内往外舀。不过，汤的量尚多时，无须由最里侧舀向外侧。舀起后，汤匙底部先在盘缘轻擦一下，再送至嘴里，否则，汤汁极易滴落在桌面或身上，很不雅观。

汤匙不要舀满，尤其是第一匙，千万不可太满，因为要通过这一匙确认汤的热度。而且汤匙舀得太满，多不易凉，分两口吃又不

合礼节,假如一口吞下因太烫而吐出的话可就当众出丑了。纵使汤的温度适中,也以不超过汤匙八分满为原则,不然也易滴落。

2. 热菜

一般讲究在宴席中突出热菜,在热菜中突出大菜,在大菜中突出头菜。热菜的食材质量和烹饪技巧要求较高,它是整个宴席的重头戏。

普通热炒的上菜方式:可连续上席,也可在大菜中穿插上席,一般质优者先上,质次者后上,味淡者先上,味浓者后上。

大菜又称主菜,是宴席中的主要菜品,通常由头菜、热荤大菜(山珍、海味、肉、蛋、水果等)组成。热荤大菜是大菜的主要组成部分,在宴席中常安排2~5道。大菜的上菜形式:一般讲究造型,名贵菜肴多采用"各客"的形式上席,随带点心、味碟,具有一定的气势。

头菜是整桌宴席中原料最好、质量最精、名气最大、价格最贵的菜肴。通常排在所有大菜的前面,统率全席。

3. 甜点与水果

(1) 食用甜品的礼仪。

① 冰激凌。吃冰激凌一般使用小勺。当和蛋糕或馅饼一起吃或作为主餐的一部分时,要使用一把甜点叉和一把甜点勺。

② 饼糕。吃水果馅饼通常要使用叉子。但如果主人为你提供一把叉子和一把甜点勺的话,就用叉子固定馅饼,用勺挖着吃。如果馅饼是带冰激凌的,叉、勺都要使用。如果吃的是奶油馅饼,最好用叉,而不要用手,以防止馅料从另一头漏出。

③ 果汁冰糕。果汁冰糕如果作为肉食的配餐食用,可以使用叉子;如果作为甜点食用,可以使用勺子。

④ 炖制水果。吃炖制水果要使用勺子,不过你可以用叉子来稳住大块水果。把樱桃、梅干、李脯的核体面地吐到勺里,放在

盘边。

(2) 食用水果的礼仪。在正式场合，吃水果也是有讲究的。端上水果的同时也会提供相应的水果餐具，可根据不同种类的水果采用相应的食用方法。

① 梨和苹果。食用梨和苹果时，应用刀切成几瓣，再用刀去除皮、核，然后拿叉子或水果签插着吃。

② 香蕉。食用香蕉时，可以用刀切成小块后剥皮，用叉子或水果签插着吃，不要整根拿在手里吃。

③ 橘子。食用橘子时，可用手剥皮后散放在盘中，一瓣一瓣拿着吃，不要把一把橘子瓣抓在手中。

④ 葡萄。食用葡萄不要整串拿在手中，而是吃一颗拿一颗。遇有果核时，不要冲着餐桌直接吐，而要用手掌托在嘴边，将果核轻吐在手中，放在盘中。

二、餐中服务礼仪

（一）上菜服务礼仪

1. 选择上菜位置

上菜的位置要在陪同人员座位之间，不要在主宾和主人之间。上菜时由于会影响到旁边的宾客用餐，为了避免宾客不小心碰到菜肴，一般应事先打招呼："对不起，打扰您了！"然后才可以上菜。

另外，要尽量选择宽一点的位置上菜，要避开老人、小孩及衣着华丽的小姐或先生，并留意宾客动作以防发生碰撞。

2. 上菜时注意事项

(1) 注意上菜顺序。中餐上菜顺序是：先酒后菜；先冷菜后热菜；先咸味菜后甜味菜；先厚味菜后清淡菜；先干菜后汤菜；先荤菜后素菜；先菜肴后点心、水果。

宴会上菜应按照菜单的顺序一道一道上。对于大型宴会，上菜的时间要听从宴会经理的统一安排，以免错上、漏上或造成各桌进餐速度不一致的现象。

（2）正确使用敬语。在上第一道菜时要对宾客说"对不起，让您久等了"，随后每上一道菜都要说"请品尝""对不起，打扰一下"等敬语；上菜时应报菜名，报菜名时应吐字清晰、音量适中；菜上齐后要说"您的菜上齐了，请慢用"，以提示宾客根据此时菜肴的多少，考虑是否还需要添加菜肴。

恼怒变赞扬

某日，几位男性宾客在包间用餐。服务员认真地为宾客服务，在宴请快结束时，服务员为宾客上汤，恰巧冯先生与宾客敬完酒后一个急转身，将汤全部碰洒，也弄脏了自己的衣服。他非常生气，质问服务员是如何上菜的，服务员没有争辩，连声道歉："实在对不起，是我不小心把汤弄洒了，把您的衣服弄脏真的很抱歉，请您把外套脱下来，我现在就去给您免费干洗，另外我再重新为您上份汤，耽误各位用餐真的对不起。"随后，服务员将衣服送去洗衣房干洗，之后的用餐服务也更加仔细周到。宾客用餐结束后，服务员将整齐叠好的衣服双手归还给宾客冯先生。宾客都非常满意，同时冯先生也诚恳地告知服务员是自己不小心，他的服务非常好。最后，宾客主动付了双份的汤钱，还写了封信表扬服务员服务细致周到，并在日后成了酒店的常客。

在本案例中，服务员首先应从自身找原因，上菜时应仔细，并提醒客人。发生问题时，尽量不与客人争辩，要坚信客人是上帝这个真理，要及时给客人台阶下。正确的做法应该是：① 首先向客人道歉，主动来承担责任。② 如客人衣物弄脏情况较轻，且是同性客人,那么服务员应在征得客人同意后立即用干净的毛巾擦干净;若是异性客人,则应将毛巾交给客人,让其自己动手。如客人弄脏衣物情况较为严重,则应主动承担干洗服务,在事后,在征得餐厅领导同意后,免收客人某些费用,赠送饮料并在接下来的服务中更加用心,更加仔细周到。

(3) 注意上菜节奏。上菜的速度与节奏须掌握好,如太快会显得仓促忙乱,宾客享受不到品尝的乐趣;太慢了则可能使宴会出现中断,造成尴尬的局面。每上一道菜都应向宾客介绍菜名,同时,须将上一道剩菜移向第二主人一边,将新上的菜放在主宾面前以示尊重。带头的菜品,如烤乳猪、全鸡、全鸭,头部一律朝右,脯部对准主人,冷盘的正面对着主位,以供主宾和主人欣赏。

如果某道菜的烹制时间比较长,应事先告诉宾客,如宾客有特殊要求要尽量满足。值台服务员在宾客点完菜时,要事先将在一般情况下上菜所需的时间记录好,如果遇到某个菜超过要求的时间迟迟没有上来,服务员要立即去厨房催菜。上汤的时间则由值台服务员根据宾客的进餐情况灵活掌握,为了保证宾客能喝上热汤,一般在用餐接近尾声时及时通知传菜服务员去取汤。上主食的时间,由值台服务员在宾客点菜时征询意见,然后根据宾客的要求准时服务。

要特别注意的是,在就餐宾客较多时,为了避免上菜慢,怠慢了宾客,服务员应该事先说明,如"先生,对不起,今天宾客集中到达,出菜可能慢一些"。这样使宾客在心理上有准备,即使出菜慢一点,宾客也会谅解,更重要的是体现了对宾客到店后的主动服务精神,使宾客感到他时时刻刻在受到服务员的尊重。

(4) 上菜时动作要稳健轻巧,不能将菜汁或汤汁洒在宾客身上或餐台上。如果宾客点的菜肴较多,餐台上已摆满了菜盘,要先将台面整理一下,把宾客基本吃完的菜肴在征得宾客的同意后换成小

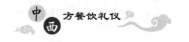

菜盘或合并，然后将空菜盘撤下，最后再上菜。

要特别注意的是：① 如果发生烹调不合格的情况，如鱼太生了，不讲明原因撤回去，是对宾客的失礼，和盘托出"鱼太生了"，尽管是偶然的，也会影响到酒店的声誉，这时就要注意语言艺术，可以这样对宾客说："对不起，先生，这条鱼是按粤菜的烹调方法烧的，偏生了，可能不太符合您的口味，是否加火更适合您的口味？"宾客如说不用了，那就更好；宾客如欣然同意，则显得服务质量好，待客有礼，会取得意想不到的效果。② 宾客进餐时，如有异常反应，餐桌上所有的食物都不能撤掉，应立即请有关人员来处理。对宾客的投诉要有耐心，如果是质量问题，应让厨房另做一份或不收此菜费用，建议宾客另选其他食物。

3. 特殊菜品的上菜服务方法

（1）带配料或蘸汁的菜肴，先要将配料或蘸汁放在餐台上，然后再上菜。这样做可以防止上菜后忘记上配料或蘸汁，或上菜后宾客还要等一会儿配料或蘸汁，造成宾客食用此种菜肴时的不便，引起宾客的不满。

（2）在上需用手直接取食的菜肴（如虾、蟹、手扒排骨等）时，中、高档餐饮店应送上洗手盅，内盛半盅温度合适的红茶水，茶水内放一片香桃或几瓣菊花。上洗手盅时，不可忘记向宾客说明其用途，放在宾客餐具的左上方。同时还要上香巾，供宾客擦手用。

（3）不易夹取的菜肴，应在菜肴上桌后马上在菜盘上放一支公用勺，方便宾客取菜；上汤类菜肴要在汤盆中放汤勺。

4. 撤盘服务

当菜已吃完时应将残盘撤下，撤前应征询一下宾客的意见，尤其是盘中还有少量余菜时更要如此。撤盘时，小盘应从宾客的右侧收撤，大盘从上菜口收撤。收撤过程中，切忌当着宾客的面刮盘子，如果宾客将空盘递过来，要及时道谢。

（二）席间服务礼仪

（1）在宾客进餐过程中，服务员应积极地为宾客添加饮料和酒水，及时更换烟灰缸。上酒水时，应掌握先宾后主、先女后男、先老后幼的顺序。为宾客斟酒时一般应站在宾客右侧。

（2）如果宾客不慎将餐具掉落在地上，应迅速上前取走，并马上为其更换干净的餐具，绝不可在宾客面前用布擦一下再拿给宾客继续使用；若有宾客打翻酒水，应及时用餐巾吸干并铺上干净的餐巾。

（3）及时处理宾客添加菜肴和酒水的要求，积极回答和处理宾客提出的有关服务和菜肴的问题。对国内宾客应一律使用普通话，对外宾则要使用相应的外语，不要使用家乡话或宾客听不懂的语言。

（4）上菜、斟酒、撤换餐具等，应严格按照规定的操作程序进行。如手指切忌触摸杯口，也不能碰及菜肴，忌越过宾客头顶上菜或传递物品，忌在两位宾客中间为两位宾客同时服务。宴会服务时，应了解主宾的就座情况，遵循严格的服务程序。

（5）要眼观六路、耳听八方，随时迅速应答宾客的招呼，不得聚在一起闲聊。在众多宾客同时示意要求服务时，要一一点头表示已经看到，马上就来，不要顾此失彼。

（6）对各类宾客要一视同仁，不论消费多少都同样认真对待，不得厚此薄彼。

（7）在宾客交谈时，服务员应做到不旁听、不窥视，更不能随便插嘴，如果有事也不要骤然打断谈兴正浓的宾客，可停在一旁目视宾客，待宾客意识到有事时，向宾客道声"对不起，打扰您的谈话了"，然后再说事情。

要特别注意的是，服务人员在餐厅服务时，应做到"三轻"，即走路轻、说话轻、操作轻，取菜时要做到端菜平稳，汤汁不洒，上菜要及时，从餐厅走到厨房时，力求做到忙而不乱，靠右行走，不冲、不跑、不在同事中穿来穿去，上菜时要保持身体平稳，注意观察周围的情况，保证菜点和汤汁不洒、不滴。将菜盘端上来放到餐桌时，不能放下后推盘，撤菜时应直接端起，而不能拉盘。

第四节 中餐餐后礼仪

一、结账服务礼仪

（1）若宾客要去收款台结账，应客气地告诉宾客收款台的具体位置，或引领宾客。

（2）宾客用餐完毕后，示意结账时，服务人员应将账单送到宾客面前，请宾客过目。在宾客确定无误后请宾客签字付款，若宾客要挂账的，签字手续一定要规范，宾客付完账后，要对宾客表示感谢。另外，账单一定要准确，不要屡犯错误，以免引起宾客不满，以为你故意想占他的便宜，以致失去熟客。

案例

一次，李某请朋友到一家餐厅共进晚餐。餐毕结账，服务员手拿账单，面带微笑，柔声说道："先生，380元。"李某并没有立即掏钱，而是让服务员把账单给他核对。朋友笑着说："你该不是这么小心吧？"李某说："我上次在此吃饭时，他们就夸大本人的消费额。"果然，经过仔细辨认与核算，李某从账单中发现这次又多算了15元。当李某向服务员提出异议后，她一声不吭地回去了。过了大约3分钟，服务员回来了，并道歉："对不起，收银部算错了。"一个人做一件错事并不出奇，出奇的是经常做错事。出门后，李某对朋友说："我想，今天恐怕是最后的晚餐了，当然，不是对你而言，而是对这家餐厅。"

要特别注意的是，如果是一对夫妇在吃饭，账单要先给男方；几位宾客同时用餐，应问清楚宾客是一起结账，还是分开结账。送账单和找零钱都应用小托盘。为了表示尊敬和礼貌，放在托盘内的账单要正面朝下，反面朝上。

二、康乐服务礼仪

康乐部（Recreation Department）是为住店宾客提供健康、娱乐和休闲放松等活动场所的部门，是现代酒店不可缺少的一个重要组成部分。酒店给宾客提供的康乐项目通常有歌舞、音乐茶座、电子游戏、保龄球、台球、游泳、健身、桑拿浴、美容美发等。在提供康乐服务的过程中，首先要保证康乐设施与设备的安全，更为重要的是一切要以宾客的立场为出发点，为宾客提供一流的服务。

（一）康乐部在酒店中的地位

在现代酒店中，康乐活动越来越受到人们的喜爱，康乐部已成为吸引客源的重要手段之一，已经成为与餐饮部、客房部并列创收的重要部门。因此，康乐服务也成为酒店服务的重点之一。酒店康乐部的作用体现在以下几个方面。

（1）康乐项目是酒店等级的重要标志。按照国际惯例及旅游酒店星级的划分与评定标准，康乐部是四星级、五星级旅游酒店必不可少的部门。在我国，根据《旅游饭店星级的划分与评定》（GB/T 14308—2010）的规定，五星级酒店必须要有会议康乐项目设备，并提供相应服务。

（2）新颖的康乐项目是吸引客源的重要手段。酒店竞争的重要优势就是有自己的特色。以服务项目、设备功能及价格、营销方式为特色吸引客源是必要的，但实践证明，康乐项目对客源的吸引力越来越大，有些人甚至把康乐作为生活中不可缺少的内容。据不完全统计，旅游酒店所在地区有70%的年轻人喜欢到这些酒店对非住宿人员开放的康乐中心去娱乐。对于住宿的宾客来说，康乐也是必不可少的活动之一。酒店可通过增加独具特色的康乐项目来吸引宾客，在竞争中获胜。

（3）康乐服务是酒店经济收入的重要来源。目前，在我国的一些酒店里，康乐部的规模越来越大，并已经成为酒店重要的营收中心之一。完善的康乐项目设备、优雅的康乐气氛环境，吸引了大批旅游者和当地公众，以致不少旅游者常常通过康乐项目和环境来选择酒店，或因对某一康乐活动特别感兴趣而投宿，丰富的、具有吸引力的康乐项目能够使宾客延长停留时间，提高酒店的接待能力，增加酒店的经济收入。

（4）完善的康乐设施和服务是现代酒店发展的必然趋势。现代酒店，尤其是高星级酒店，参与社会竞争、吸引客源的一项硬指标就是具备完善的配套附属设施。康乐部作为酒店重要的配套附属部门，承担着接待宾客健身和娱乐的服务工作，应与各部门相互协调，参与社会化竞争，为酒店争取最大化的经济和社会效益。

（二）康乐服务礼仪

高档次、高星级酒店为了顺应市场需求，越来越向综合服务的方向发展，除利用客房和餐饮等主要酒店产品满足宾客基本需求以外，还通过健身、游泳、娱乐等康乐服务产品来满足宾客的生活需要和精神需求。康乐服务工作是直接面向宾客的，服务人员除了要熟悉有关业务知识和掌握过硬的技能，还需要遵守康乐服务礼仪规范。

1. 服务准备礼仪

（1）仪容仪表准备。上岗前，服务人员要做好仪容仪表的自我准备，按照所从事具体服务岗位的着装规范要求进行着装，整体做到仪容端庄、仪表整洁。

（2）服务器械检查。按照岗位服务的规范要求，应定期检查各类服务器械的完备情况，发现有零部件磨损或脱落等情况，要及时通知有关部门检修，确保器械的使用安全，为宾客提供安全舒适的休闲娱乐服务。

2. 服务过程礼仪

（1）迎接问候礼仪。

① 在对客营业时间的前10分钟，在各自岗位迎候宾客抵达。

② 坚持站立服务，精神饱满，思想集中，面带微笑，以清新、精干的形象恭候宾客，随时为宾客提供服务。

③ 宾客抵达时，笑脸相迎，亲切问候，简要介绍各类康乐设施及服务项目，主动征询宾客需要提供何种服务。

（2）健身房服务礼仪。

① 礼貌交流。健身房服务人员要为宾客营造一个舒适和谐的健身氛围，礼貌地提示宾客在健身过程中的各项注意事项，礼貌地劝阻不规范的行为。

② 引导示范。对于不熟悉健身器械的宾客，应热情主动地介绍健身器械的性能、操作方法和注意事项。要根据宾客的体质状况因材施教，做不同的指导。

③ 纠正错误。发现宾客违反相关规定时要适当提醒，如"先生/女士您好！打扰您了"，"为了您不至于在运动中受到损伤，请您换好运动鞋、换掉牛仔裤再上器械，谢谢您的配合"等。为宾客纠正错误动作时，可以说"您好，您现在的动作是高危动作，会伤害到您身体的×××部位，如果不耽误您锻炼，我给您演示一下规范动作"。

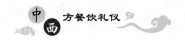

④ 关注保护。在宾客进行健身活动时，应严格执行健身房规定，密切关注宾客健身动态，适时予以正确指导和健身保护，确保宾客安全运动。

（3）游泳池服务礼仪。

① 迎送引导。游泳池服务台前应有专人负责迎送宾客；宾客抵达时，应表示欢迎，及时送上更衣柜钥匙和毛巾；引导宾客进入更衣室，礼貌提醒宾客保管好自己的物品，并对宾客进行游泳安全事项的提示。

② 加强巡视。游泳池要配备规范数量的救生员，并能按照酒店游泳池的安全管理规范进行游泳池的巡视，思想上高度重视，坚守岗位，随时关注游泳者动态，特别关注老人、小孩和特殊宾客，以免发生意外。救生员要熟练掌握救生技能。

③ 消除隐患。游泳池应有醒目的提示标语，引导宾客安全地开展游泳健身活动，游泳池内为宾客提供饮料、食品服务时，应使用不易破损的非玻璃、陶瓷的盛器。

（4）保龄球服务礼仪。

① 协助运动。宾客抵达保龄球房时，要热情问候，开启机器，帮助宾客递送干净完好的保龄球鞋；对于不太熟悉保龄球房设施设备的宾客，应根据宾客的性别、年龄、体重等，帮助选择适合的保龄球；热情介绍活动的步骤方法，礼貌提醒宾客动作要领和注意事项，避免发生意外；如宾客要求陪打，服务员应礼让在先，对宾客击出的好球要鼓掌示意。

② 加强巡视。做好各球道的巡视工作，及时纠正宾客的不合理行为及处理相关设备故障问题。可以引导不了解保龄球基本打法的宾客观看视频，了解保龄球的打法，必要时，在征得宾客允许后可以为宾客做示范。

③ 提供周到服务。适时有礼貌地询问宾客需要什么饮料，热情地为宾客提供运动过程中的饮品服务，以使服务细致周到。

(5) 卡拉 OK 服务礼仪。

① 引导宾客。在宾客抵达时，应主动迎接问候，在协助宾客办理好登记手续后，引导宾客到卡拉 OK 厅房。

② 设备服务。为宾客开启点歌、放映和放音的设施设备，根据宾客试音的要求，进行音效调试，确保各项设施设备运转正常。

③ 热情服务。根据宾客点单情况，迅速将酒水、饮料、食品等送至厅房，同时送上杯具，将食品盛放在干净的器皿中。礼貌提示宾客有服务需求时可使用"呼叫服务"按钮。在宾客娱乐过程中，尽量少进入厅房，以免打扰宾客兴致。

要特别注意的是，如有宾客损坏器械、物品，应请宾客照价赔偿。说话时态度要真诚，语气要和蔼，不可得理不让人，与宾客发生争吵甚至举止粗鲁是不允许出现的失礼行为。做好用品卫生和环境卫生工作。对客用品（如保龄球鞋、拖鞋和浴巾等）要坚持按有关卫生标准严格消毒，要对宾客的卫生负责。

(三) 送客道别礼仪

宾客结束活动离开时，要提醒宾客不要忘记随身物品。服务人员应将宾客送至门口，向宾客致谢，礼貌、热情地向宾客告别，欢迎宾客再次光临。

三、送客服务礼仪

(1) 宾客用餐完毕，服务员或领班主管应主动征求宾客对菜肴和服务的意见。

(2) 宾客起身，应及时为其拉开座椅，并提醒宾客不要忘记携带物品。将代保管的衣帽等物品准确地递给宾客，并诚挚道别。

要特别注意的是，在餐厅服务中，如果已发现宾客欲拿走昂贵的餐具，如银制器皿等，甚至已经转移到他自己的口袋里或包内，怎么办？俗话说"打人别打脸，揭人别揭短"，比较好的办法就是在结账时，把餐具的价格打入其中。宾客若问价格为什么这么高，服务员在报出菜点价格之后，然后悄悄地对他说："还有先生喜爱的刀叉，价格××元。"遇到这种情况，宾客往往会愉快地付钱。宾客受到教育却又未伤感情，甚至还会暗中感激这位服务员训练有素，并未当众出他的洋相。

（3）宾客走至餐厅门口，迎送人员应诚挚地说"再见，欢迎您下次再来"，施以鞠躬礼，目送宾客离去。

（4）发现宾客遗留物，应立即追上宾客，将东西交还宾客；若宾客已走远，则应交总服务台处理。

（5）餐毕后的清扫工作，必须在宾客全部离去后进行，不可操之过急。

第五节　中餐宴会礼仪

中餐宴会服务的基本环节包括宴会前准备、宴会迎宾服务、就餐服务和送宾服务。

一、宴会前的准备工作

（1）掌握情况。接到宴会通知单后，餐厅管理人员和服务员应做到"八知""三了解"。

"八知"是知台数、知人数、知标准、知开餐时间、知菜品及出菜顺序、知主办单位或房号、知收费办法、知邀请对象。

"三了解"是了解宾客家乡风俗习惯、了解宾客生活忌讳、了解宾客特殊需要。如果是外宾，还应了解国籍、宗教、信仰、禁忌和口味特点。

对于规格较高的宴会，还应掌握下列事项：宴会的目的和性质,宴会的正式名称,宾客的年龄和性别,有无席次表、座位卡、席卡,有无音乐或文艺表演,有无主办者的指示、要求、想法,有关司机接待方式等。

管理人员根据上述情况,按宴会厅的面积和形状设计好餐桌排列图,研究具体措施和注意事项,做好宴会的组织工作

(2)明确分工。规模较大的宴会,要确定总指挥人员。总指挥在准备阶段要向服务员交任务、讲意义、提要求,宣布人员分工和服务注意事项。在人员分工方面,要根据宴会要求,对迎宾、值台、传菜、供酒及衣帽间、贵宾室等岗位,都要有明确分工和具体任务安排。做好人力、物力的充分准备,要求所有服务人员思想重视,措施落实,保证宴会圆满结束。

(3)布置宴会。宴会布置分场景布置和台型布置。

① 场景布置。在场景布置方面,应根据宴会的性质和规格的高低来进行,要既隆重、热烈、美观大方,又具有我国传统的民族特色。

举行隆重大型的正式宴会时,一般在宴会厅周围摆放盆景花草,或在主台后面用花坛、画屏、大型青枝翠树盆景装饰,用以烘托宴会的隆重盛大及热烈的气氛。宴会厅的照明、音响要有专人负责,保证不发生事故。宴会期间要有工程部人员值班。

要特别注意的是,正式宴会应设有致辞台,致辞台一般放在主台附近的后面或右侧,台前用鲜花围住。扩音器应有专人负责,事前要检查并试用,防止发生故障或产生噪声。临时拉设的线路要用地毯盖好,以防发生意外。国宴活动要在宴会厅的正面并列悬挂两国国旗。国旗的悬挂按国际惯例,以"右为上、左为下"为原则。由我国政府宴请来宾时,我国的国旗挂在左方,外国的国旗挂在右方。来访国举行答谢宴会时则相互调换位置。

② 台型布置。台型布置不仅是事务性的工作,而且涉及社交礼仪等问题。因此,要根据宴会厅的形状、实用面积和宴会要求,

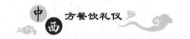

按宴会台型布置的原则,即"以右为上、以远为上、居中为上、高近低远"来设计。

要特别注意的是,在布置中要做到既突出主台,又排列整齐、间隔适当;既方便宾客就餐,又便于服务员席间操作。通常宴会每张桌子占地面积标准为10~12平方米。重大宴会的主通道要适当宽敞一些,同时铺上红地毯,突出主通道。

(4)熟悉菜单。服务员应熟悉宴会菜单和主要菜点的风味特色,以做好上菜、派菜和回答宾客对菜点提出问题的思想准备。同时,应了解每道菜点的服务程序,保证准确无误地进行上菜服务。对于菜单,应做到能准确说出每道菜的名称,能准确描述每道菜的风味特色,能准确讲出每道菜肴的配菜和配食佐料,能准确知道每道菜肴的制作方法。

(5)准备物品。席上菜单每桌1~2份置于台面,重要宴会则人手一份;根据菜单的服务要求,准备好各种银器、瓷器、玻璃器皿等餐酒具;根据菜肴特色,准备好菜式跟配的佐料;根据宴会通知要求,备好鲜花、酒水、水果等物品。

(6)铺好餐台。宴会开始前1小时,根据宴会餐别,按规格铺好餐具和台上用品。在副主位的桌边,摆上席次卡;在每个餐位的水杯前立席卡;菜单放在正副主位餐碟的右侧。同时,备好茶、饮料、香巾,上好调味器,将各类开餐用具摆放在规定的位置。

(7)摆设冷盘。大型宴会开始前10~15分钟摆上冷盘,然后斟预备酒。中小型宴会则视宾客情况而定。摆设冷盘时,要根据菜点的品种和数量,注意菜点色调的分布,荤素的搭配,色彩的搭配,味型的搭配,菜型的正反,刀口的逆顺,菜盘间的距离等。对于有造型的冷盘,将花型正对主人和主宾。

要特别注意的是,准备工作全部就绪后,宴会管理人员要做一次全面的检查。从台面服务、传菜人员等分派是否规范合理,到餐具、饮料、酒水、水果是否备齐;从摆台是否符合规格,到各种用具及调料是否备齐并略有盈余；从宴会厅的清洁卫生是否搞好，到餐酒具的消毒是否符合卫生标准；从服务员的个人卫生、仪表装束是否整洁，到照明、空调、音响等系统能否正常工作，都要仔细地进行检查，做到有备无患，保证宴会按时举行。

 宴会的迎宾服务

（1）热情迎宾。根据宴会的入场时间，宴会主管人员和引座员提前在宴会厅门口迎候宾客，值台员在各自负责的餐桌旁准备为宾客服务。宾客到达时，要热情迎接，微笑问好。待宾客脱去衣帽后，将宾客引入休息间就座稍息。回答宾客问题和引领时注意用好敬语。

（2）接挂衣帽。如宴会规模较小，可不设专门的衣帽间，只在宴会厅房门前放衣帽架，安排服务员照顾宾客宽衣并接挂衣帽。如宴会规模较大，则需设衣帽间存放衣帽。接挂衣服时，应握衣领，切勿倒提，以防衣袋内的物品倒出。贵重的衣服要用衣架，以防衣服走样。重要宾客的衣物，要凭记忆进行准确的服务。贵重物品请宾客自己保管。

（3）端茶递巾。宾客进入休息厅后，要招呼宾客入座并根据接待要求，递上香巾、热茶或酒水饮料。端茶递巾服务均按先宾后主、先女后男的次序进行。

 宴会中的就餐服务

（一）入席服务

值台员在开宴前5分钟斟好预备酒（一般是红葡萄酒），然后站在各自服务的席台旁等候宾客入席。当宾客来到席前，要面带笑容，引领入座。在照顾宾客入座时，用双手和右脚尖将椅子稍撤

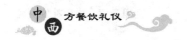

后,然后徐徐向前轻推,让宾客坐稳坐好。引领入座时,同样按先宾后主、先女后男的次序进行。

待宾客坐定后,即把台号、席位卡、花瓶或花插带走。菜单放在主人面前,然后为宾客取餐巾,将餐巾摊开后为宾客铺好,脱去筷子套,斟倒酒水。

(二) 斟酒服务

中餐宴会的斟倒酒水服务与一般的中餐桌餐酒水服务(参见本章第六节"中餐酒水礼仪")有相似之处,不同之处是宴会的酒水服务是多桌同时服务,会有宾主祝酒、离台敬酒等环节。宾客干杯和互相敬酒时,应迅速拿酒瓶到台前准备添酒,主人和主宾讲话前,要注意观察每位宾客杯中的酒水是否已满上。在宾主离席讲话时,主宾席的值台员要立即斟上甜、白酒各一杯放在托盘中,托好站在讲台一侧等候。致辞完毕,迅速端递上,以应举杯祝酒。当主人或主宾到各台敬酒时,值台员要准备酒瓶跟着准备添酒,宾客要求斟满酒杯时,应予满足。

(三) 上菜服务

(1) 趁热上菜。厨房出菜时一定要在菜盘上加盖,菜上好后取走。

(2) 多台联动。多台宴会的上菜要看主台或听指挥,做到行动统一,以免造成早上或迟上,多上或少上现象。

(3) 报菜并注意摆放朝向。每上一道新菜要介绍菜名和风味特点,凡是鸡鸭鱼等整体或椭圆形的大菜盘,在摆放时头的一边朝向正主人位。

(4) 上新菜前,先把旧菜拿走。如盘中还有部分剩的菜,应征询宾客是否需要改为小盘盛装,在宾客表示不再需要时方可撤走。

(5) 主动、均匀地为宾客分汤、派菜。分派时要胆大心细,掌握好菜的分量、件数，分派准确均匀。凡配有佐料的菜，在分派时要先沾（夹）上佐料再分到餐碟里，分菜的次序也是先宾后主、先女后男。

（四）撤换餐具

为显示宴会服务的优良和菜肴的名贵，在宴会进行的过程中，需要多次撤换餐具或小汤碗。重要宴会要求每道菜换一次餐碟，一般宴会的换碟次数不得少于三次。通常在遇到下述情况时，就应更换餐碟。

（1）吃完翅、羹或汤之后。

（2）吃完带骨的食物之后。

（3）吃完芡汁多的食物之后。

（4）上甜菜、甜品、水果之前。

（5）残渣骨刺较多或有其他脏物的餐碟。

（6）宾客失误，将餐具跌落在地时。

撤换餐碟时，要待宾客将碟中食物吃完方可进行，如宾客放下筷子而菜未吃完的，应征得同意后才能撤换。撤换时要站在宾客右侧，边撤边换，按先主后宾顺序撤换。

（五）席间服务

（1）勤巡视勤斟酒。细心观察宾客的表情及示意动作，主动服务。服务态度要亲和，语言要亲切，动作要敏捷。

（2）及时清理转盘。在撤换菜盘时，如转盘脏了，要及时抹干净。抹时用抹布和一只餐碟进行操作，以免脏物掉到台布上。转盘清理干净后才能重新上菜。

（3）及时处理突发事件。若宾客在席上弄翻了酒水杯具，要迅速用餐巾或香巾帮助宾客清洁，并用干净餐巾盖上弄脏部位，为宾客换上新的杯具，然后重新斟上酒水。

（4）分送甜品、水果。宾客用餐后，送上热茶和香巾，随即收去台上除酒杯、茶杯以外的全部餐具，抹净转盘，换上点心碟、水果刀叉、小汤碗和汤匙，然后上甜品、水果，并按分菜顺序分送给宾客。

（5）撤盘、摆花。宾客吃完水果后，撤走水果盘，递给宾客香巾，然后撤走点心碟和刀叉，摆上鲜花，以示宴会结束。

四、宴会的送宾服务

（1）结账准备。上菜完毕后即可做结账准备，清点所有酒水、佐料、加菜等宴会菜单以外的费用并累积总数，送收款准备账单。结账时，若是签单、签卡或转账结算，应将账单交宾客或宴会经办人签字后送收款处核实，及时送财务部入账结算。

（2）拉椅送客。主人宣布宴会结束，值台员要提醒宾客带齐携带的物品。当宾客起身离座时，要主动为其拉开座椅，以方便离席行走，并视具体情况目送或随送宾客至餐厅门口。如宴会后安排休息，要根据接待要求进行餐后服务。

（3）取递衣帽。宾客出餐厅时，衣帽间的服务员要根据取衣牌号码，及时、准确地将衣帽取递给宾客。

（4）收台检查。在宾客离席的同时，值台员要检查台面上是否有宾客遗留的物品。在宾客全部离去后立即清理台面，清理台面时，按先餐巾、香巾和银器，后酒水杯、瓷器、刀叉筷子的顺序分类收拾。凡贵重餐具要当场清点。

（5）清理现场。各类餐具要按规定位置复位，重新摆放整齐。开餐现场重新布置恢复原样，以备下次使用。收尾工作做完后，领班要作最后检查。

要特别注意的是，服务操作时，注意轻拿轻放，严防打碎餐具和碰翻酒瓶酒杯，从而影响场内气氛。如果不慎将酒水或菜汁洒在宾客身上，要表示歉意，并立即用毛巾或香巾帮助擦拭（如为女宾，男服务员不要动手帮助擦拭）。

当宾主在席间讲话或举行国宴演奏国歌时，服务员要停止操作，迅速退至工作台两侧肃立，姿势要端正。餐厅内保持安静，切忌发出响声。

宴会进行中，各桌值台员要分工协作，密切配合。服务出现漏洞，要立刻弥补，以高质量的服务和食品赢得宾客的赞赏。

席间若有宾客突感身体不适，应立即请医务室协助并向领导汇报，并将食物原样保存，留待化验。

宴会结束后，应主动征求宾主和陪同人员对服务和菜品的意见，客气地与宾客道别。当宾客主动与自己握手表示感谢时，视宾客神态适当地握手。

第六节　中餐酒水礼仪

一、酒的搭配

俗话说：无酒不成宴，无酒不成欢。如果说点菜的人是餐桌上的设计师，那么酒就是餐桌上的指挥棒。因为酒杯一拿，互相干杯，宴会就拉开了序幕，随后大家互相敬酒、劝酒、闹酒，最后喝尽杯中酒，宴会结束。在中式宴会中，酒的种类与菜肴的安排有一定的联系，甚至与季节、宴会主题也颇为相关。

（一）酒与宴会规格相配

宴会的档次有高、中、低之分，酒也有上品、中品、下品之分，宴会所选择的酒应当与其规格相匹配。如我国在举办国宴时，往往选择茅台酒，因此茅台酒被称为我国的国酒，其质量与价格在

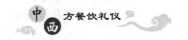

我国的酒中都比较高。

但是如果是一般宴会,就可以选择稍微普通一点的酒。如果在一般的宴会上用茅台酒,酒的价格高于整桌菜肴的价格,整体就会显得不大协调。

(二)酒与当下季节相配

一年四季,不同的季节选用不同的酒。比如冬天人们一般喜欢喝白酒,有散寒的作用,夏天人们喜欢喝冰镇啤酒,有消暑的作用。因此,宴请客人时,冬天选择白酒,夏天选择啤酒较好。

在季节与酒的搭配上,《红楼梦》有细致的描写:在一个大雪天气,宝钗生了病,宝玉去瞧宝姐姐,薛姨妈留宝玉在家吃酒暖身。宝玉馋嘴拿起凉酒便要吃,这时宝钗说凉酒下肚要用五脏六腑暖热它,酒温热了喝,味道既浓醇,又能起到养身的作用,冬天的寒气要用烧酒来驱散。

(三)酒和菜品相配

在中餐的宴席上,酒与菜很难分家。在不同的宴席上,酒与菜肴有不同的搭配原则。

(1)酒与菜档次匹配原则。酒和菜的搭配首先遵循高档酒配高档菜,低档酒配低档菜的原则。只有高档酒配高档菜,低档酒配低档菜,才能使酒和菜的质量相当,相得益彰。同时,酒水是宴请费用中占比较大的一个部分,因此为了整体的档次和预算控制,应尽量采用档次匹配原则。

(2)酒与菜口味匹配原则。喝酒是一门很复杂的学问,酒配菜似乎就更复杂,但也有规则可循。搭配酒菜时,要考虑3个基本因素:

① 食物的浓淡。用口味清淡的酒配口味清淡的菜，口味浓郁的酒配口味浓郁的菜。即"轻口味配轻口味，重口味配重口味"。这样做是为了让酒和菜之间的味道不会互相被压制。例如，吃清蒸鲥鱼时不适合饮用浑厚、饱满、浓烈的干红葡萄酒；吃红烧兔肉时，不宜饮用清淡的白葡萄酒。

当我们考虑食物浓淡的时候，一定不要忘了是"食材+食材处理"一起组成了食物的浓淡口味（蒸鸡腿和烤鸡腿的口味轻重显然是很不一样的），所以选酒也要根据食物的整体浓淡来做调整。"白肉配白酒，红肉配红酒"这一原则在大部分时候都是适用的，少数情况下不适用的原因就是在食材的处理上。

清淡的白肉（如鸡、鸭、鱼、海鲜等）适合搭配清淡的白葡萄酒，因为白葡萄酒中的酸度可去腥味，并使口感更清爽。红酒配红肉（如牛、羊、猪等），因为红葡萄酒中的单宁与红肉中所含的蛋白质结合可使单宁柔顺，肉质细嫩。红葡萄酒配上牛排，不仅可以解油腻，而且还能增添牛排的美味。

② 食物的味道。这里涉及味觉之间的相生相克，比如食物的咸可以通过酒的酸来减缓，食物的辣可以通过酒的甜来抑制，肉的肥腻可以通过酒的涩感来缓解。

一般来说，甜酒配甜点是不错的选择。半甜的酒或甜酒搭配甜品，会让你不仅感受到甜品的美味，也感受到酒的甜美。

③ 食物的风味。在这一层面上，发挥空间很大，变数也很多，无法一概而论。有时风味匹配会更好，如辛香的酒配辛香的食物；有时通过对比来凸显风味会更好，如带花香的酒配有腥味的海鲜；等等。一般而言，有两个原则还是比较普遍适用的，第一是慢炖型的食物比较配陈年型的酒；第二是简单型的食物（如烧烤）比较配果味型的酒。

要特别注意的是，通常鱼类应该搭配白葡萄酒，肉类应该搭配红葡萄酒。但用白葡萄酒烧的肉类应搭配红葡萄酒，用红葡萄酒烧

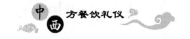

的鱼类则应该搭配白葡萄酒。

香槟酒、起泡酒可以配任何菜肴。一餐的始终都可以饮用香槟。

较高酸度的葡萄酒,可以用来搭配海鲜。吃油炸、油腻的食物时,一杯干白就可以激起食欲。

醋是红酒的克星,具有酸味的食物或者用番茄入菜的菜肴,搭配口感丰厚的白酒比较合适。

用餐如果喝两种以上的葡萄酒,那么建议先喝白酒再喝红酒,有甜味的葡萄酒是在饭后配甜点时喝的。

(四)酒与酒相配

酒与酒的搭配也有一定的讲究:低度酒在先,高度酒在后;新酒在先,陈酒在后;有气酒在先,无气酒在后;甘洌酒在先,甘甜酒在后;淡雅风格的酒在先,浓郁风格的酒在后;白葡萄酒在先,红葡萄酒在后。

敬酒礼仪

中国人敬酒时,往往都想让对方多喝点酒,以表示自己尽到了主人之谊,客人喝得越多,主人就越高兴,说明客人看得起自己,如果客人不喝酒,主人就会觉得有失面子。劝人多饮几杯酒的做法,表达了敬酒者的真诚,希望对方喝好喝够,同时也可以活跃酒宴的气氛,为饮酒者助兴。

(一)敬酒有序

敬酒也就是祝酒,是指在正式宴会上,由主人向来宾提议,因某个事由而饮酒。饮酒时,通常要讲一些祝愿、祝福类的话,甚至主人和主宾还要发表一篇专门的祝酒词。

第三章 中餐礼仪探究

在祝酒、敬酒时干杯,需要有人率先提议,可以是主人、主宾,也可以是在场的其他人。提议干杯时,应起身站立,右手端起酒杯,或者用右手拿起酒杯后,再以左手托扶杯底,面带微笑,目视其他人,特别是自己的祝酒对象,嘴里同时说祝福的话。有人提议干杯后,要手拿酒杯起身站立。即使是滴酒不沾,也要拿起杯子做做样子。将酒杯举到眼睛的高度,说完"干杯"后,将酒一饮而尽或喝适量的酒。然后,还要手拿酒杯与提议者对视一下,这个过程就结束了。

在中餐宴会上,干杯前,可以象征性地和对方碰一下酒杯,碰杯的时候,应该让自己的酒杯低于对方的酒杯,表示你对对方的尊敬。

一般情况下,敬酒应以年龄大小、职位高低、宾主身份为先后顺序,一定要充分考虑好敬酒的顺序,分清主次。如果不是主人一般不能率先敬酒,一定要等主人完成必要的敬酒程序,才能开始向主人或其他客人敬酒。另外,其他客人最好不要拿着酒瓶一人敬多人,这是比较失礼的。

和不熟悉的人在一起喝酒,要先打听一下他的身份或是留意别人对他的称号,避免出现尴尬。即使你有求于席上的某位客人,对他要倍加恭敬,但如果在场有更高身份或年长的人,也要先给长者敬酒,不然会使大家很难为情。

如果出于生活习惯或健康等原因不适合饮酒,也可以委托亲友、部下、晚辈代喝或者以饮料、茶水代替。作为敬酒人,应充分体谅对方,在对方请人代酒或用饮料代替时,不要非让对方喝酒不可,也不应该打破砂锅问到底。要知道,别人不主动说明原因就表示对方认为这是他的隐私。

(二) 敬酒有词

正式敬酒是指宴会一开始的时候,主人先向大家集体敬酒,并

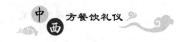

同时说标准的祝酒词。这种祝酒词的内容可以稍长一点，但也应在5分钟之内讲完。

除了主人向集体敬酒，来宾也可以向集体敬酒。来宾的祝酒词可以说得更简短，甚至一两句话都可以。比如，"各位，为了以后我们合作愉快，干杯！"

无论是主人还是来宾，如果是在自己的座位上向集体敬酒，就要求首先站起身来，面含微笑，手拿酒杯，面朝大家。当主人向集体敬酒、说祝酒词的时候，所有人应该一律停止用餐或喝酒。主人提议干杯的时候，所有人都要端起酒杯站起来，互相碰杯。按国际通行的做法，敬酒不一定要喝干，但即使是平时滴酒不沾的人，也要拿起酒杯抿上一口，以示对主人的尊重。

敬酒时不能干巴巴就一句话："我敬您一杯酒。"这样的酒恐怕喝了也觉得无趣，因为喝酒喝的就是情趣，如此乏味的语言起不到助兴的效果。

说祝酒词时要声音响亮清晰、站姿挺拔端正，目光友好真诚，伴以微笑，此外，在语言中应传递出热情、友好。态度真诚才能赢得大家的喜欢。

好的祝酒词不是长篇大论，而应简短精要。所谓山不在高，有仙则名；水不在深，有龙则灵；词不在多，经典足矣。

（三）敬酒有礼

（1）怎么斟酒。敬酒之前需要斟酒。按照规范来说，除主人和服务人员外，其他客人一般不要自行给别人斟酒。如果主人亲自斟酒，应该用本次宴会上最好的酒，客人要端起酒杯致谢，必要的时候应该起身站立。

如果是大型宴会或商务宴请，应该由服务人员来斟酒。斟酒一般要从位高者开始，然后顺时针斟。如果不需要酒了，可以把手挡在酒杯上，说声"不用了，谢谢"就可以了。这时，斟酒者就没有必要非得一再要求斟酒。

要特别注意的是，在中餐斟酒礼仪中，通常以红酒5分满、白酒8分满、啤酒8分满、洋酒1盎司为好（如客人有具体要求，需按客人的要求斟）。

（2）何时敬酒。敬酒应该在特定的时间进行，且不能影响来宾用餐。

敬酒分为正式敬酒和普通敬酒。正式的敬酒，一般是在宾主入席后、开始用餐前进行，一般都是主人来敬，同时还要说规范的祝酒词。普通敬酒是指来宾和主人之间或者来宾之间的敬酒，在正式敬酒之后就可以开始了。但要注意在对方方便的时候敬酒，比如他当时没有和其他人敬酒，嘴里不在咀嚼，认为对方可能愿意接受你的敬酒。而且，如果向同一个人敬酒，应该等身份比自己高的人敬过之后再敬。

（3）敬酒的举止要求。敬酒时最好要走到被敬者面前，右手端起酒杯，再以左手托扶杯底，面带微笑，目视自己的祝酒对象，嘴里同时说祝福的话。别人向你敬酒的时候，你要手举酒杯到双眼高度，在对方说了祝酒词或"干杯"之后再喝。喝完后，还要手拿酒杯和对方对视一下，这个动作也叫"亮杯"。人家敬你，你要回敬，否则就失礼了。可以减少杯数，但是不能缺礼数。

对我国来说，敬酒的时候还要特别注意：敬酒无论是敬的一方，还是接受的一方，都要因地制宜、入乡随俗。在中国很多地方敬酒的时候往往讲究端起即干。在他们看来，这种方式才能表达诚意、敬意。所以，自己酒量欠佳应该事先诚恳说明，不要看似豪爽地端着酒去敬对方，而对方一口干了，你却只是意思意思，这往往会引起对方的不快。另外，对于敬酒者来说，如果对方确实酒量不济，没有必要去强求。

要注意，在大型宴会上最好不随便劝酒，敬酒时表达心意即可，喝酒的最高境界应该是喝好而不是喝倒。

三、酒水服务礼仪

中餐通常只在进餐时饮酒,所以,中餐的酒水服务主要是围绕进餐饮酒所提供的一系列服务。具体包括:点酒水或推荐酒水服务、取酒水服务、斟酒服务等。

(一)准备工作

(1)摆杯。宾客餐具前的酒杯、饮料杯的摆放要从大到小,放在宾客便于拿放的位置。

(2)点酒水。服务员或酒水员按规范完成酒水点单或推荐酒水、下酒水单等工作。

(3)取酒水。服务员或酒水员到吧台按宾客的酒水单领取酒水。

① 如宾客点的是白葡萄酒,需在冰桶内放上碎冰,将酒瓶放入冰桶,最佳温度9℃,酒牌朝上,冰桶边架放置在主人右后边。

② 如宾客点的是红葡萄酒,将酒瓶放入垫有毛巾的酒篮中,最佳温度20℃,酒牌朝上,使宾客可以看清。

③ 如宾客点的是普通酒水,可用托盘进行取运,即在托盘中摆放酒水。摆放时,应依据宾客座次顺序摆放,第一宾客的酒水放在托盘远离身体侧,主人的酒水放在托盘里侧。

(4)检查。将酒瓶瓶身擦干净,检查一下酒是否过期、变质,是否是宾客所需要的那种酒,酒瓶有没有破裂。

(二)酒水服务

(1)示酒。将酒呈送至宾客面前,在宾客桌边用左手托住瓶底,右手握住瓶口,使瓶口朝上呈45°角,酒牌对着宾客,请宾客检查,经宾客确认没有问题后,才可开酒。

（2）开酒。开启有气体的酒和罐装饮料时，切忌正对着宾客。葡萄酒的开瓶方法参见第四章第六节"西餐酒水礼仪"。

（3）品酒。先用餐巾擦净瓶口，然后在主人杯中倒适量的酒，并帮助轻轻晃动一下酒杯，请宾客尝酒时说："请您先品尝一下，好吗？"

（4）斟酒。右手持瓶，商标朝外，左手拿餐巾或托盘；站在宾客右后侧；倒完酒后，将瓶口稍稍抬高，顺时针45度旋转，收瓶；用左手的餐巾将残留在瓶口的酒液拭去。

（5）斟添。酒水要勤斟倒，宾客杯中酒水只剩1/3时应及时添酒。

要特别注意的是：① 斟酒仪态。上身微前倾，右脚跨前踏在两椅之间，重心放在右脚上，左脚跟稍微抬起，举瓶高低适当。身体不要贴靠宾客。② 握瓶姿态。右手放在酒瓶中下端，食指伸直按住瓶壁，指尖略指向瓶口，与拇指约呈60度，中指、无名指、小指基本上排在一起。将右手臂伸出，右手腕下压，瓶口距杯口1.5厘米左右时斟倒。瓶口不能碰到杯口，不宜拿起杯子给宾客斟酒。③ 斟酒顺序。一般的斟酒顺序是从主人右边的第一位宾客（主宾）倒起，然后顺着逆时针方向逐个斟酒，主人的酒放在最后斟。如果是两位服务员同时服务，则一位从主宾开始，另一位从副主宾开始。④ 右侧斟酒。所有酒水服务都应从宾客右边进行，不可站在同一个地方左右开弓给多个宾客同时斟酒。⑤ 斟酒方法。根据酒的种类，选择不同的方法为宾客提供斟酒服务。⑥ 斟酒数量。斟酒时不可太满。白酒以八分满为宜；红葡萄酒倒约1/3；白葡萄酒倒约2/3；啤酒斟酒量宜80%酒、20%泡沫。⑦ 其他方面。斟酒时，如宾客提出不要，应将宾客位前的空杯撤走；注意瓶内酒量的变化情况，掌握好酒瓶的倾斜度并控制好斟酒速度；不能将酒瓶正对着宾客，或将手臂横越宾客；由于操作不慎而将酒杯碰翻时，应向宾客表示歉意，立即将酒杯扶起，检查有无破损。如有破损要立即另换新杯,如无破损,要迅速用一块干净餐巾铺在酒迹之上,然后将酒杯放在原处,重新斟酒。如果是宾客不慎将酒杯碰破、碰倒,服务员也要这样做。在中餐酒水服务过程中,还有一点特别重要:要尊重地域文化和宾客意见。

第七节 茶道礼仪

一、中国茶道与茶礼

(一)中国茶道

中国是最早发现茶叶并开始制茶、饮茶的国家。中国被称作"茶的祖国"。中国茶已成为世界公认的"三大无酒精饮料"之首,对世界茶文化产生了重要的影响。有人把"茶"字形容为"人在草木中",茶生于天地草木之间,承天地之精华,正是中国人发现并利用了茶,赋予它天、地、人三才之道。

中国茶道思想融合了儒、道、佛诸家的精华,但其主导思想应该是儒家思想。茶生于山野中,承甘露滋润,其味苦中带甘,饮之可令人心灵澄明,心境平和,头脑清醒,茶的这些特性与儒家所提倡的中庸之道相契合。茶本清洁之物,儒家学说认为茶可以协调人际关系,可以养廉。魏晋南北朝之际,以茶养廉的典故频频出现,也就是说,儒学思想借助茶这一媒介,在这个时期发挥了强大的作用。此后的中国文化史上一直贯穿着以茶交友、以茶雅志、以茶助廉之风。

儒家思想融入茶文化的一个显著特点是茶礼的形成。中国向来被称为"礼仪之邦",礼已渗透到中国人生活的方方面面,儒家通过礼制来达到维持社会秩序的目的。茶文化中也吸收了"礼"的精神。南北朝时，茶已用于祭礼，唐以后历代朝廷皆以茶荐社稷、祭宗庙，以至朝廷进退应对之盛事皆有茶礼。在民间，茶礼、茶俗中的儒家精神表现得特别明显，"以茶代酒"和"客来敬茶"成为中华民族传统礼仪。

茶道属于东方文化。早在我国唐代就有了"茶道"这个词，至今已使用了一千多年，那么，什么是茶道呢？

庄晚芳先生认为：茶道是一种通过饮茶的方式，对人民进行礼法教育、道德修养的仪式。庄晚芳先生还归纳出了中国茶道的基本精神：廉、美、和、敬。他将其解释为：廉俭育德、美真康乐、和诚处世、敬爱为人。

中国农业科学院茶叶研究所所长程启坤和研究员姚国坤主张中国茶德可用"理、敬、清、融"四字来表述，并解释说："理者，品茶论理，理智和气之意；敬者，客来敬茶，以茶示礼之意；清者，廉洁清白，清心健身之意；融者，祥和融洽，和睦友谊之意。"

周作人先生则说得比较随意，他对茶道的理解为："茶道的意思，用平凡的话来说，可以称作忙里偷闲，苦中作乐，在不完全现实中享受一点美与和谐，在刹那间体会永久。"

其实，给茶道下定义是件费力不讨好的事。如果一定要给茶道下一个定义，把茶道作为一个固定的、僵化的概念，反倒失去了茶道的神秘感，同时也限制了茶人的想象力，淡化了通过心灵去悟道时产生的玄妙感觉。茶道如月，人心如江，各个茶人心中对茶道自有不同的美妙感受。

(二) 中国茶礼

中国人好以茶会客，看似简单的一杯茶其实暗含了许多学问，除了泡茶讲究，斟茶、品茶、添茶也都有讲究。中国茶礼会因人、因事、因时等而有所差异，但是它的基本礼节不会有太大的变化。下面介绍几个你不可不知的中国茶语。

(1) 酒满敬人，茶满欺人。因为酒是冷的，客人接手不会被烫，而茶是热的，倒满了茶杯会很热，客人接手时就会被烫，有时还会因太烫致茶杯掉在地上打破，使客人难堪。

(2) 先尊后卑、先老后少。在第一次斟茶时，要注意先尊后卑、先老后少、女士优先，第二遍时就可按序斟上去。如茶客身份相同则应从右手边开始斟茶。在接受斟茶时，一定要有回敬反应。

① 晚辈向长辈敬茶：作为长辈要用食指或中指敲击桌面，相当于点一下头。如果特别欣赏晚辈，可敲三下。

② 长辈向晚辈端茶：作为晚辈要把五指并拢成拳，拳心向下，五个手指同时敲击桌面，相当于五体投地跪拜礼。一般敲三下即可。

③ 平辈之间敬茶：食指中指并拢，敲击桌面（图 3-17），相当于双手抱拳作揖。敲三下表示尊重。

图 3-17 平辈之间的敬茶礼节

(3) 先客后主，司炉最末。在敬茶时应先敬客人后敬主人。只有在场的人全都喝过茶之后，司炉（煮茶冲茶者）才可以饮茶，否则就是对客人不敬。

（4）强宾压主，响杯擦盘。客人喝茶提盅时不能使盅脚在茶盘沿上擦出声音，茶喝完放盅时手要轻，不能让盅发出声响，否则是"强宾压主"或"有意挑衅"。

（5）喝茶皱眉，表示嫌弃。客人喝茶时不能皱眉，主人发现客人皱眉，就会认为人家嫌弃自己茶不好，不合口味。

（6）头冲脚惜，二冲茶叶。"脚惜"音同"脚气"，以前相传做茶时会用脚踩，怕茶叶带有脚气味，所以要先洗一遍，洗干净了才能喝。不过这是传说，现在的茶叶都是经过工厂加工的，但"头冲脚惜，二冲茶叶"的习惯还在，目的是醒茶、去灰尘、去杂质。要是让客人喝头冲茶，就是欺侮人家。

（7）新客换茶。宾主喝茶时，中间若有新客到来，主人要表示欢迎，应立即换茶，否则会被认为"慢客""待之不恭"。在喝茶期间来了新客人，主人要立即加杯，并用热水烫洗一下，放在客人面前的茶台上，并且应该立即换茶，让客人觉得主人招呼周到，出汤时要让新客人先行品饮。

（8）暗下逐客令。当一壶茶喝淡之后，主人如不更换新茶继续冲泡，那便是在"暗下逐客令"，此时客人也不便久留，应该主动告辞离开。

（9）无茶色。主人侍茶，茶水从浓到淡，数冲之后便要更换茶叶，如不更换茶叶会被人认为"无茶色"。"无茶色"其意有二：一是茶已无色还在冲，是对客人冷淡，不尽地主之谊；二是由上一点引申为对人不恭，办事不认真，效果不显著。

（10）"茶三酒四秃桃二"。在茶盘上放三个杯，是由俗语"茶三酒四秃桃二"而来，即茶必三人同喝，酒必四人为伍，便于猜拳行酒令；可是外出看风景游玩就以二人为宜，二人便于统一意见，满足游兴。

二、茶道礼仪

中国人好以茶会客,看似简单的一杯茶其实暗含了许多学问,除了泡茶讲究之外,沏茶、上茶、续茶也都有讲究。中国茶礼会因人、因事、因时等而有所差异,但是它的基本礼节不会有太大的变化。

(一) 沏茶礼仪

(1) 清茶礼仪。冲泡前,一定要把茶具清洗干净。在冲茶、倒茶之前最好用开水烫一下茶壶、茶杯。茶具从外观上看必须是干净的,杯子里没有茶垢。

(2) 选茶礼仪。在泡茶前,先拿出一些名优茶放在茶盘中,供宾客挑选,以表达对宾客的尊重,同时让宾客仔细欣赏茶的外形、色泽和干香。

(3) 置茶礼仪。将茶筒中的茶叶放入壶或杯中,应使用竹或木制的茶匙取茶,不要用手抓。若没有茶匙,可将茶筒倾斜对准壶或杯轻轻抖动,使适量的茶叶落入壶或杯中,如图 3-18 所示。

图 3-18 置茶的礼节与方法

要特别注意的是，沏茶时，茶叶要适当。茶叶不宜过多，也不宜太少。沏茶时每次茶叶用多少，并无统一的标准，要根据茶叶的种类、茶具的大小及消费者的饮用习惯而定。以茶待客讲究要上热茶，但水温不宜太烫，以免宾客不小心被烫伤。

（4）泡茶礼仪。泡茶讲究高冲低泡。冲泡茶叶需高提水壶，水自高点下注，使茶叶在壶内翻滚，散开，以更充分泡出茶味，俗称"高冲"；泡好的茶水即可倒入茶盅，此时茶壶壶嘴与茶盅之距离，以低为佳，以免茶水内之香气无效散发，俗称"低泡"。一般第一泡茶汤与第二泡茶汤在茶盅内混合，效果更佳；第三泡茶汤与第四泡茶汤混合，以此类推。

在冲泡茶叶时，头冲茶必须冲后倒掉，不可喝。

要特别注意的是，沏茶一定要在与宾客寒暄问好、安排宾客落座后进行。主人亲自沏茶则是对宾客的最佳礼貌。即使是洗涤过的茶具，沏茶前最好也要当着宾客的面用清水荡涤，以示尊重。

沏茶时在杯中放置茶叶的方法有三种。日常沏茶一般习惯先放茶叶，后冲入沸水，此称为"下投法"；沸水冲入杯中约三分之一容量后再放入茶叶，浸泡一定时间后再冲满水，称为"中投法"；在杯中先冲满沸水后放茶叶，称为"上投法"。

对身骨重实、条索紧结、芽叶细嫩、香味成分高，并对茶汤的香气和茶汤色泽均有要求的各类名茶，可采用"上投法"；条形松展、比重轻、不易沉入茶汤中的茶叶，宜用"下投法"或"中投法"。对于不同的季节，则可以"秋季中投，夏季上投，冬季下投"。

细嫩的高级绿茶，以85℃左右的水冲泡为宜，如沏碧螺春、明前龙井、太平猴魁、黄山毛峰、君山银针等，切勿用沸水冲泡。而乌龙茶、花茶宜用90℃至95℃的开水冲泡；红茶如滇红、祁红等可用沸水冲泡；普洱茶用沸水冲泡，才能泡出其香味，且要即冲即

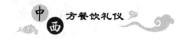

饮,沏水后以浸泡2~3分钟为佳,以保持茶香;一般的绿茶、花茶等,也宜用刚沸的水冲泡。

选用什么样的杯子沏茶要视茶叶种类而定,沏名贵绿茶,选用玻璃茶杯,不加盖;沏乌龙茶,宜用小陶壶、小茶杯;沏红茶、花茶或普通绿茶,选用白瓷杯,加杯盖;等等。

(5) 分茶礼仪。分茶,即将茶盅或茶壶内之茶汤再行分入杯内。俗语有云:七分茶三分情,茶满欺客。倒茶给宾客,无论是大杯、小杯,都不宜倒得太满,以倒七分满为宜,茶满不便于握杯啜饮。分茶时不得将茶水溅出,每位宾客茶水量要一致,茶色要均匀,以示茶道公正、平等。

分茶时,右手持壶,自左到右顺时针为宾客倒茶,即壶口是倒退着为宾客分茶。因为如自右到左逆时针,则壶口向前冲着为宾客倒茶,壶嘴不断行向前如一把利刃,变成一种含侵略性的动作。当然,如习惯左手持壶,则可逆时针。

(二) 上茶礼仪

(1) 使用敬语。上茶时应向宾客说声:"对不起!"面带微笑,眼睛注视对方并说:"这是您的茶,请慢用!"

(2) 敬茶礼仪。只要两手健全,必须用双手给宾客端茶。有杯耳的茶杯,一般是用一只手抓住杯耳,另一只手托住杯底,把茶端给宾客。或者一只手托住杯底的一个点,另一只手扶住茶杯的1/2以下部分,手指切莫触及杯口。最好是用盘托杯,这样会比较安全,也能保持茶杯的平稳,又便于宾客从你手中接过杯子,如图3-19所示。

使用茶盘上茶,则左手捧着茶盘底部,右手扶着茶盘的边缘,上茶时用右手端茶,从宾客的右方奉上。尽量避免从宾客的正前方上茶。

图 3-19　端茶的礼节与方法

摆放前，一定要轻声示意，避免对方无意碰撞，摆放时右进右出，顺时针斟倒或摆放（添水也同样），摆放位置为宾客右手前方 5~10 厘米处，有柄的则将其转至右侧，便于取放。

如有茶点，应放在宾客的右前方，茶杯应摆在点心右边。

(三) 续茶礼仪

要时刻关注宾客杯子，第一时间为宾客续杯。续茶时，如果是有盖的杯子（图 3-20），则用一只手的小指和无名指夹住杯盖上的小圆球，用大拇指、食指和中指握住杯把，从桌上端下茶杯，侧对宾客，用另一只手中的容器添水，再按照原位摆放即可。如果发现宾客的杯子有茶渣，应该替宾客重新洗杯，或者换杯。

图 3-20　续茶的礼节与方法

要特别注意的是，放置茶壶时壶嘴不能正对宾客，否则表示请人赶快离开。宾主喝茶时，中间有新客到来，主人要表示欢迎，立即换茶。根据茶汤颜色状况适时换茶。如不适时更换茶叶会被认为对宾客冷淡、不恭。上茶、续茶都要遵循"先客后主、先主宾后次宾、先女后男、先老后少"的原则，尤其是在第一次斟茶时。

推荐阅读书目

1.《酒店服务礼仪（第二版）》（李妍主编，中国人民大学出版社 2023 年出版）

2.《酒店服务礼仪（第三版）》（张秋埜主编，浙江大学出版社 2023 年出版）

3.《饭店服务礼仪教程》（王丹凤主编，北京理工大学出版社 2021 年出版）

4.《饭店服务礼仪》（人力资源社会保障部教材办公室等组织编写，中国劳动社会保障出版社 2019 年出版）

5.《礼仪金说：服务礼仪（2019 新版）》（金正昆著，北京联合出版公司 2019 年出版）

第四章 西餐礼仪探究

餐饮礼仪文化具有明显的民族性、区域性和差异性。在不同场合的餐饮活动中，每个参与者根据自身身份的不同，应该做出符合身份和相应场合的社交原则的行为举止，要防止越矩行为的发生，避免造成尴尬和误会。

西餐礼仪，是西方饮食文化的一个重要组成部分。传统观念的不同，意识形态的不同，会导致饮食观念的不同，西方饮食文化较之中国饮食文化有着本质上的不同。许多人认为造成这种不同的原因在于西方信奉唯心哲学而东方信奉唯物哲学。在唯心哲学影响下，西方人认为食物主要是用来充饥的，饮食过程只是一个生命必需的摄取营养的过程。西方人认为西餐的营养结构的搭配更加合理，虽口味千篇一律，但节省时间，且营养良好。西餐对营养的要求高于味道。

在西方，所有跟吃饭有关的事，都备受重视，因为它同时提供了两种最受赞赏的美学享受——美食与交谈。除了口感精致之外，用餐时酒、菜的搭配，优雅的用餐礼仪，正确地使用餐具、酒具等都是品尝美食的先修课。

在西方，去饭店吃饭一般都要事先预约。在预约时，有几点要特别引起重视，首先要说明人数和时间，其次要表明是否要吸烟区或视野良好的座位。如果是生日或其他特别的日子，可以告知宴会的目的和预算。在预定时间到达,是基本的礼貌,有急事时要提前通知取消订位,而且一定要道歉。再昂贵的休闲服,也不能随意穿着上高档西餐厅吃饭,穿着得体是西方人的常识。

学习西餐礼仪,主要需要掌握刀叉文化,但同样也要知晓席位排列、用餐方式、时间及地点选择、餐具使用(餐刀、鱼刀、头盆刀、奶油刀、甜品刀、餐叉、鱼叉、头盆叉、甜品叉、汤匙、甜品匙、水杯、红酒杯、白酒杯等的使用)、菜单安排及用餐举止等方面的规则和技巧。本书重点探究的西餐礼仪包括西餐座次安排礼仪、西餐餐前礼仪、西餐餐中礼仪、西餐餐后礼仪、西餐宴会礼仪、西餐酒水礼仪和咖啡礼仪等方面,希望可以给大家提供参考和借鉴。

第一节　西餐座次安排礼仪

不同民族、不同国家的餐饮文化各具特色,具有浓郁的民族性和多样性的特点。餐饮礼仪的差异也是跨文化交际中影响交际结果的因素。中西餐的礼仪文化从座次安排中就可以看出不同,了解西餐的座次安排,可以在宴会中获得较好的沟通与合作。

一、座次安排的原则

(1) 面门为上。按礼仪的要求,面对餐厅正门的位置要高于背对餐厅正门的位置。一般而言,背对正门的位置由主人自己坐,面对门的位置则由主宾来坐(图4-1)。如果男女主人一起出席,一般女主人的位置正对着门,男主人的位置背对着门(图4-2)。

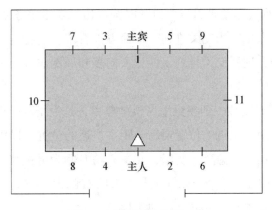

图 4-1　西餐座次安排（1）

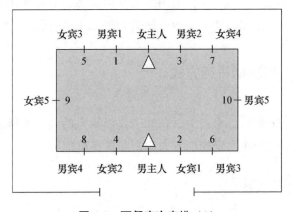

图 4-2　西餐座次安排（2）

（2）女士优先。在西餐礼仪里，往往体现女士优先的原则。排定用餐席位时，一般女主人为第一主人，在主位就位，而男主人为第二主人，坐在第二主人的位置上。女宾忌排末座。

（3）以右为尊。排定席位时，以右为尊是基本原则。就某一具体位置而言，按礼仪规范其右侧要高于左侧之位。在西餐排位时，男主宾排在女主人的右侧，女主宾排在男主人的右侧，按此原则，依次排列；如果男女主人并肩坐于一桌，则男左女右，女主人坐于右席；如果男女主人各居一桌，则女主人坐于右桌。

（4）交叉排列。西餐排列席位时，讲究交叉排列的原则，即男女

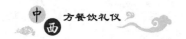

应当交叉排列（用意是男士可以随时为身边的女士服务，见图4-2），熟人和陌生人也应当交叉排列。在西方人看来，宴会场合是要拓展人际关系的，这样交叉排列，能让人们多和周围宾客交流，达到社交的目的。

（5）距离定位。西餐桌上席位的尊卑，是根据其距离主位的远近决定的。距主位近的位置要高于距主位远的位置，即以男女主人为中心，愈近主人愈尊。所以，女主人的右侧为男主宾（男宾1），左侧为2号男主宾（男宾2）；男主人的右侧为女主宾（女宾1），左侧为2号女主宾（女宾2），如图4-2所示。

要特别注意的是，在我国用西餐宴请宾客，通常采用按职务高低男女分坐的方式。宾主人数以偶数为多。宾主总数忌13。

、座次的排列方式

因西餐中多用长桌，所以在此主要以长桌的座次安排为例，如果是圆桌，按照座次安排的五大原则安排座位即可。

（一）英美式

西餐中长桌的摆放方式主要有两种：一种是面门竖放，一种是面门横放。

如果是面门竖放，两端应为男女主人的位置。女主人面门而坐，男主人背门而坐。女主人右侧是男主宾（男宾1），左侧为2号男主宾（男宾2）；男主人右侧是女主宾（女宾1），左侧是2号女主宾（女宾2），其余依序排列。如果是陪客，应尽量往中间坐。具体排法如下。

长桌排法之一：长桌面门竖放，宾主14人，男女主人同时出席。本着男女交叉排列的原则，先从女主人位置左右安排，再从男主人位置左右安排。具体的座次安排应该是女主人→男宾1→男宾

2→女宾 3→女宾 4……男主人→女宾 1→女宾 2→男宾 3→男宾 4……如图 4-2 所示。

长桌排法之二：长桌面门竖放，宾主 14 人，男女主人一人出席。主宾面门而坐，主人背门而坐。其余来宾的座次顺序如图 4-3 所示。

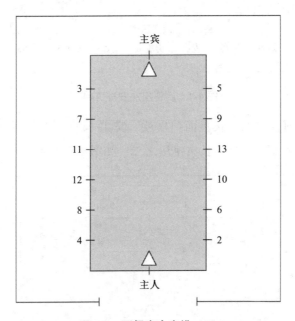

图 4-3　西餐座次安排（3）

如果是面门横放，则男女主人对坐于中间。女主人面门而坐，男主人背门而坐。女主人右侧是男主宾（男宾 1），左侧为 2 号男主宾（男宾 2）；男主人右侧是女主宾（女宾 1），左侧是 2 号女主宾（女宾 2），其余依序排列。具体排法如下。

长桌排法之三：长桌面门横放，宾主 14 人，男女主人同时出席。具体的座次安排同长桌排法之一，如图 4-4 所示。

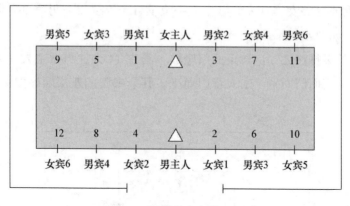

图4-4　西餐座次安排（4）

长桌排法之四：长桌面门横放，宾主14人，男女主人一人出席。具体的座次安排同长桌排法之二，如图4-5所示。

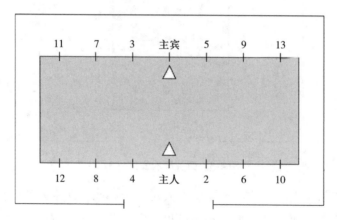

图4-5　西餐座次安排（5）

长桌排法之五：长桌面门横放，宾主12人，男女主人同时出席。男女主人对坐于中间，两侧为末座。需要注意女宾5的位置，她和男宾5为最后两个人，相对于男宾5来说应该位于上座，所以，应该位于女主人的右侧，如图4-6所示。

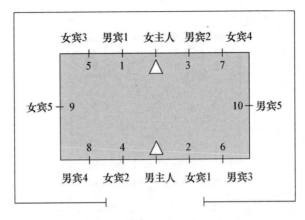

图4-6 西餐座次安排（6）

长桌排法之六：长桌面门横放，宾主12人，男女主人一人出席。除长桌两侧为末座之外，其余座次安排同长桌排法之四，如图4-7所示。

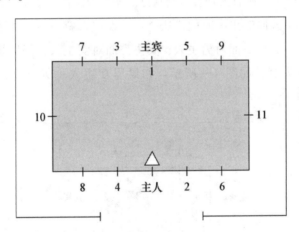

图4-7 西餐座次安排（7）

长桌排法之七：长桌面门横放，宾主8人。男女主人斜角对坐。男女宾客夹坐，男士面对男士，女士面对女士。仍以靠近男女主人之位为尊，如图4-8所示。

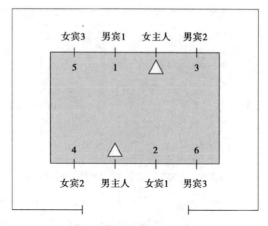

图 4-8　西餐座次安排（8）

如果是方桌，就座于餐桌四面的人数应相等。一桌共坐 8 人，每侧各坐两人的情况比较多见。进行排列时，应使男、女主人与男、女主宾对面而坐，所有人均各自与自己的恋人或配偶坐成斜对角。

男女主人同时出席时的排法是：男女主人斜角对坐，让右席于男女主宾。男主宾面对男主人，女主宾面对女主人，仍以靠近男女主人之位为尊，如图 4-9 所示。如果男女主人一人出席，排法如图 4-10 所示。

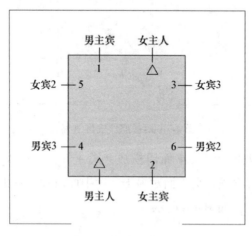

图 4-9　西餐座次安排（9）

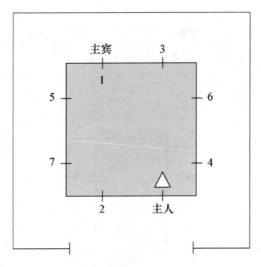

图 4-10 西餐座次安排（10）

（二）法式

一般情况下，主人位置在中间，男女主人对坐，女主人右边是男主宾，左边是男次宾，男主人右边是女主宾，左边是女次宾。陪客应尽量坐在旁边。

（三）大型宴会

在一些大型宴会上，人数较多，桌子呈 T 形时，横排是主桌，主桌中间是男女主人的位置（男左女右），两边分别为女主宾和男主宾的座位，其余依次排列。竖排是次桌，以靠近男女主人之位为尊，如图 4-11 所示。当桌子呈"门"字形时，座次顺序如图 4-12 所示。

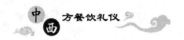

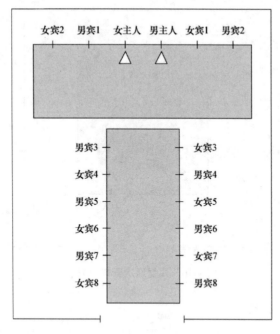

图 4-11　西餐座次安排（11）

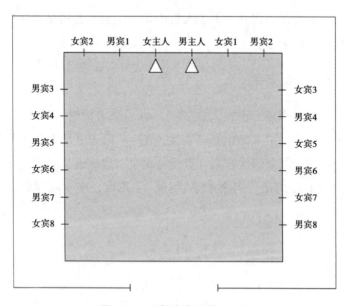

图 4-12　西餐座次安排（12）

如果是铁板烧桌形，具体的座次顺序如图 4-13 所示。

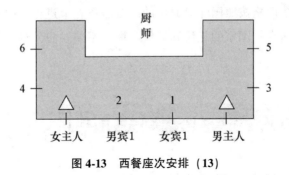

图 4-13　西餐座次安排（13）

要特别注意的是：① 参加宴会时，不可贸然入席。若有席次卡，应找到自己的名字后再就座。如果没有席次卡，要等主人或侍者引导之后方可入座。如未定座位，应由尊长坐上座，自己找适当的座位坐下，不必过于谦恭。② 遵循长者和女士优先的原则，如邻座是年长者或女士，应主动协助他们先坐下。③ 最得体的入座方式是从左侧入座。除非有领位者帮忙把椅子拉开，否则要记得把椅子拉后一些再坐下，如果直接用脚把椅子推开，实在不雅。女士若与男士同行则不必自己动手拉椅子了，因为这是男士的责任。④ 入座后坐姿要端正，不可用手托腮或将双臂肘放在桌上。坐时脚应踏在本人座位下，不可随意伸出，影响别人。不可玩弄桌上的酒杯、盘碗、刀叉等餐具，不要用餐巾或纸巾擦餐具，以免使人认为餐具不洁。⑤ 不要将钱包、钥匙等放在餐桌上。在私人的宴会场合，主人会告诉你可以将包放在哪里。如果是在餐厅或公共场合，可以将包放在腿上或身旁。⑥ 座位是由主人定的，宾客随意更换席次卡或坐在别人的座位上是非常不礼貌的行为。⑦ 在日常生活中，如果男女二人同去餐厅，男士应请女士坐在自己的右边（因为右手帮女士拿东西或递东西更方便）。如果两位男士陪同一位女士进餐，女士应坐在两位男士的中间。如果两位同性进餐，那么靠墙的位置应让给其中的年长者。

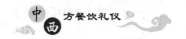

西餐服务员负责值台区域内的一切就餐服务，在提供西餐服务时，不仅要严格按照国际上通用的西餐服务礼节进行，而且还要考虑到宾客所在的国家的礼仪和风俗习惯，不要触犯禁忌，努力保证服务质量。

第二节　西餐餐前礼仪

、西餐的餐前准备

（一）预约订餐

事前预约，不论对于提供服务的一方还是享用餐点的一方来说，都能够让用餐进行得更加顺畅，所以一定要养成预约的好习惯。

（1）预约时间。预约餐厅一般在一个礼拜之前即可，但是如果是特别火爆的著名餐厅，那么尽早预订为好，然后在就餐的前一天再确认，以免因餐厅的疏忽而给自己的宴请和就餐带来不便。

（2）预约信息。与餐厅预约时，应清楚地告知预约人姓名、预约日期、具体时间、人数、大概预算及是否有特殊的要求等内容。这些信息非常关键，因为预约得越准确越详细，就越便于餐厅做出相应的安排和准备，也可以避免点菜时发现自己想要的食物已经没有了的尴尬。为了确保食品适量，很多餐厅的关键食材都是定量采购的。

（3）特殊情况。如果您迟到或要取消宴会，一定要打电话通知餐厅。如果因故不能按时到达，务必通知餐厅会延迟到达，否则10~20分钟后座位就转让给别人了。

预约餐厅的重要性和目的在于方便自己安排用餐的车辆、服装等相关事项，也便于餐厅事先做好迎接准备和食材准备，以防准备不足而带来的不便。

提前预约不仅是一个人品位优雅、尊重他人的体现，也是可以享受到优质服务的保障。

（二）用餐形象

根据不同的场合穿不同的衣服，穿着得体对别人是一种尊重，也是展现个人品位与教养的基本态度。懂得形象礼仪不但会让自己在宴会上光彩照人，也会让别人刮目相看。

许多高级餐厅为了维持其高级水准，都会规定男士要穿西装打领带、女士要穿裙装或套装，才能入场就餐，再昂贵的休闲服也不能穿进高级西餐厅。

因此，在西餐厅用餐，不只是吃饭那么简单，从着装就已经开始展现修养和品位了。

1. 遵守要求

高规格的宴会，一般在邀请函和请柬的下方会明确告知参加宴会人员的着装规范，此时客人必须遵守规范。如果因邀请函上并未明示而拿捏不准，可以致电邀请方礼貌询问，然后按照要求做好准备。

2. 着装规范

在宴会上，通常女士要穿晚礼服或小礼服，男士穿无尾晚礼服。

（1）女士晚礼服。晚礼服是晚上八点以后穿用的正式礼服，是女士礼服中最高档次、最具特色、充分展示个性的礼服样式，又称夜礼服、晚宴服、舞会服。晚礼服常与披肩、外套、斗篷之类的衣服相配，与华美的装饰手套等共同构成整体装束效果。

传统晚礼服要充分展示女性窈窕的腰肢，强调臀部以下裙子的重量感，肩、胸、臂的充分展露为华丽的首饰留下表现空间，如低

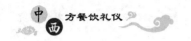

领口设计,有重点地采用镶嵌、刺绣、细褶等装饰感强的设计来突出高贵优雅,用华丽的花边、蝴蝶结、玫瑰花作装饰,给人以华贵之感。

礼服需要配饰的点缀,由于晚礼服较为裸露的特点,配饰成为着装中不可缺少的部分,利用配饰的质感和造型形成互补互衬的整体效果。晚礼服的配饰有披肩、手袋、首饰等,其中首饰是最常用和最出效果的配饰。首饰可选择珍珠、蓝宝石、祖母绿、钻石等高品质的材料,也可选择人造宝石。

鞋多配高跟凉鞋或修饰性强、与礼服相宜的高跟鞋,如果脚趾外露,就得与面部、手部的化妆同步加以修饰。

手包大多精巧雅致,多选用漆皮、软革、丝绒、金银丝混纺材料,用镶嵌、绣、编等工艺结合制作而成,华丽、浪漫、精巧、雅观是晚礼服用包的共同特点。

(2)女士小礼服。小礼服是傍晚时分穿用的礼服,介于午服与晚礼服之间。比起豪华气派的晚礼服,这种服装相对简化一些。

在款式上,小礼服的裙长一般在膝盖上下,随流行而定,既可以是一件式连衣裙,也可以是两件式、三件式服装。

当然,漂亮大方的小礼服也需要搭配首饰作为点缀,一般会选择珍珠项链、耳钉或垂吊式耳环,三串以上为较正式场合使用。由于小礼服比较优雅含蓄,没有大礼服那么张扬和夸张,因此首饰的选择也应与礼服本身所具有的气质相匹配。

(3)男士礼服。西装与礼服有时会被混淆,其实它们是不同的。相对而言,礼服会更正式、更讲究细节及配饰。西方男性出席正式宴会时,会被规定必须穿着礼服。西装适合出席一般的商务会议或者宴请时穿着。

男士的晚间小礼服一般为塔士多礼服,经典的搭配是:黑领结、低开口黑色马甲(英式)或黑色饰带(美式)、企领或翼领白色衬衫、单侧章塔士多礼裤、黑色漆皮鞋。若出席高规格的晚宴等晚间正式场合，通常情况下在邀请函上您能够看到"White-Tie/白领结"或者"Black-Tie/黑领结"的字样，这就是参与该次活动的着装等级要求。

要特别注意的是，用餐前，应根据用餐的主题选择合适的穿着，不是越隆重就显得越有修养和品位，要知道适合的才是最好的。

用餐穿着应端庄典雅，符合餐厅环境和用餐气氛。女士的妆容最好清爽淡雅，香水也尽量选择淡香型；男士应该确保清爽整洁。

3. 寄存衣服

御寒的衣服可以先放在衣帽间，一般会有专人帮你照看脱下的衣物。不要小看了在衣帽间的这一脱一穿，主动帮助女伴寄存衣物，保管号牌，付小费给照管人，这是尽显绅士风度的好机会。女士的长手套和披肩用餐时应该摘下。

法国巴黎塞纳河上有一条游船，每天晚上观光客可以乘船赏夜景、吃晚餐。船上也有规定，男士要穿西装、打领带，女士不可以穿牛仔裤和帆布鞋。不过餐厅人员也很有经验，知道大多数观光客是不会准备西服和领带的，所以在入口处有一个大柜台，专门免费出借西装上衣和领带给要用餐的客人。这个做法既体贴，又维持了餐厅的高档形象，真是一举多得。

整洁得体的用餐仪容，是我们彼此尊重的最好表现。

(三) 到达餐厅

到达西餐厅后，就犹如登门拜访老友，朋友开门迎宾才可以进去。在德国吃饭，就会看到很多当地人在入口处等待带位，没有人自己闯入，乱找位子。因为他们从小就知道这是对餐厅的尊重，也是对自己的尊重。

（1）前往接待处。到达餐厅后不能长驱直入就座，首先必须到接待区（台）告知服务员你的预约信息。如果想要得到好的位置

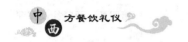

(临窗、观景),可先给服务员一些小费。

(2) 在休息室等候待位。有些餐厅会准备等候室或开辟专门的休息区域,专门让顾客等候未到的友人。若是附近有吧台,可以在友人到来之前,边喝饮料边等待。

(3) 告知预订并请求带位。有些西餐厅并没有接待区,但是也不能自行进入,应找到现场服务人员,告知预约信息及客人人数,并请服务人员帮助带位。如果现场服务人员较忙,可以稍微等待一下,自己直接进入寻找座位是不礼貌的。

迎宾人员为我们带位后要对他们礼貌致谢。

到达餐厅后应主动问候服务员,这是一种最基本的素养体现,带给别人美好心情的同时,自己也同样会收获好心情。

(四) 正确点餐

西餐在菜单的安排上与中餐有很大不同。西餐的点菜顺序如下。

(1) 开胃菜。开胃菜是西餐的第一道菜,也称为头盘。一般分为冷头盘和热头盘,这道菜大多具有特色风味,常用的有鱼子酱、鹅肝酱、熏鲑鱼、鸡尾杯、奶油鸡酥盒、焗蜗牛等。味道主要是咸和酸,而且数量较少,质量较高。

(2) 汤。汤是西餐的第二道菜。西餐的汤一般分为清汤、奶油汤、蔬菜汤、冷汤这4类。品种有牛尾清汤、各式奶油汤、海鲜汤、美式蛤蜊汤、意式蔬菜汤、俄式罗宋汤、法式洋葱汤。冷汤的品种较少,有德式冷汤、俄式冷汤等。

(3) 副菜。副菜是西餐的第三道菜。品种包括白肉类(鱼类、海鲜类等)与蛋类、面包类、酥盒菜肴类等。因为鱼类等菜肴的肉质鲜嫩,比较容易消化,所以放在红肉类菜肴的前面。西餐吃鱼类菜肴讲究使用专用的调味汁,品种有鞑靼汁、荷兰汁、白奶油汁、大主教汁、美国汁和水手鱼汁等。副菜是在汤与主菜之间提供的,其意义在于烘托主菜。因此，它不能喧宾夺主，抢了主菜的风头。

（4）主菜。主菜是西餐的第四道菜，主要是指红肉类菜肴（牛肉、羊肉、猪肉和禽类等），最有代表性的是牛肉或牛排。其烹调方法常为烤、煎、铁扒等。红肉类菜肴配用的调味汁主要有西班牙汁、浓烧汁精、蘑菇汁、班尼斯汁等。禽类菜肴品种最多的是鸡，有山鸡、火鸡、竹鸡，可煮、可炸、可烤、可焖，主要的调味汁有黄肉汁、咖喱汁、奶油汁等。

（5）配菜。配菜是西餐的第五道菜，主要是指蔬菜类菜肴，也就是蔬菜沙拉，可以安排在肉类菜肴之后，也可以与肉类菜肴同时上桌。蔬菜沙拉一般用生菜、番茄、黄瓜、芦笋等制作。沙拉的主要调味汁有醋油汁、法国汁、千岛汁、奶酪沙拉汁等。沙拉除蔬菜之外，还有一类是用鱼、肉、蛋类制作的，这类沙拉一般不加味汁，在进餐顺序上可以作为头盘食用。

（6）甜品。西餐的甜品是副菜后食用的，可以算作第六道菜。从真正意义上讲，它包括所有主菜后的食物，如布丁、冰激凌、奶酪、煎饼、水果等。

（7）咖啡、茶。西餐最后是上饮料，一般是咖啡或茶。饮咖啡一般要加糖和淡奶油；茶一般要加香桃片和糖。

正式的全套餐点没有必要全部点，点太多却吃不完反而失礼。一般而言，吃西餐都是各点各的，绝对不要把菜叉过来叉过去地分食。若想与同伴分食，应该在点菜的时候告知侍者，服务员会在厨房内把食物分成两盘上菜。

(五) 饮料与酒水的选择

在西餐中，酒水与菜式的搭配有一定的规律。

客人落座后，服务生会马上请客人点餐前酒，有时也会鼓励客人尝试一点新颖或者特别的东西。他们会在第一时间递上酒水/鸡尾酒单，当然也会十分乐意给予客人一些口头建议，帮助客人做出选择。

（1）基本原则。总的来说，色、香、味淡雅的酒品应与色调冷、香气雅、口味纯、较清淡的菜肴搭配，如头盘、鱼、海鲜类应配白葡萄酒。香味浓郁的酒应与色调暖、香气浓、口味杂、较难消化的菜肴搭配，如红肉类、禽类应配红葡萄酒。另外，咸食宜选用干、酸型酒类，甜食宜选用甜型酒类。在难以确定时，则选用中性酒类。

（2）搭配要点。在西餐中，酒水与菜式的搭配要点见表4-1。

表4-1　酒水与菜式的搭配要点

菜式	搭配要点	
餐前饮品	建议选择酒精浓度较低、比较清爽的种类。不会喝酒的人，也可以点一些饮料或者水	香槟酒可在任何时候配任何菜肴饮用
海鲜	一般选用干白葡萄酒、玫瑰露酒，喝前一般需冷藏。一般来说，红葡萄酒不与鱼类、海鲜类菜肴相配饮	
肉、禽、野味	一般选用酒精度为 12% vol～16% vol 的干红葡萄酒。其中小牛肉、鸡肉等肉类最好用酒精度不太高的干红葡萄酒。牛肉、羊肉、火鸡等红色、味浓、难以消化的肉类，则最好用酒精度较高的红葡萄酒	
奶酪类	一般配较甜的葡萄酒，也可继续使用配主菜的酒品	
甜食类	可选用甜葡萄酒或葡萄汽酒	
餐后饮品	可选用甜食酒、蒸馏酒和利乔酒等酒品，也可选用白兰地、爱尔兰咖啡等	

要特别注意的是，餐前酒不仅可以打发时间，还可以轻微地刺激胃部，以增进食欲。美国和中国台湾的餐厅习惯供应客人免费的冰开水。欧洲的餐厅一般不供应白开水，客人都会点一杯饮料或酒。另外，在欧洲餐厅用餐，千万不要省饮料钱，不点饮料会让人觉得怪异。

二、西餐的餐前服务

（一）迎宾准备

（1）正式开餐前，服务员应将餐厅打扫干净。

（2）按本餐厅正餐的要求摆台，将餐具布置完好，并将各种刀、叉、勺、餐盘、咖啡杯、酒杯及酒篮、冰桶等餐具配备充足，营造舒适的就餐环境。

（二）领位服务礼仪

（1）领位员要熟知餐厅经营风味、食品种类、服务程序与操作方法。

（2）宾客到来，领位员要微笑相迎，对常客、贵宾要主动问好。

（3）要熟知座次安排规则，按照一定的礼仪顺序引导宾客入座。

（4）对订餐、订座宾客，要按预订的座位安排引导入座。

（5）宾客入座，主动拉椅，交桌面服务员照顾。

（三）餐前酒服务礼仪

（1）宾客入座后，桌面服务员应主动问好，及时递送餐巾、香巾。

（2）询问宾客是否饮用餐前酒，记下每位宾客所点的酒水，并复述一遍，尽快送上餐前酒，未点餐前酒的宾客应为其倒上冰水。

（3）服务要热情、主动，操作要规范。酒水服务没有滴酒现象。

(四) 点菜服务礼仪

西餐实行分餐制，菜单须人手一份，每位宾客所点的菜肴往往都不一样，所以就需要服务员熟悉菜单，了解宾客的需求，为宾客提供优质服务，具体礼仪要求如下：

（1）着装整齐，微笑服务，态度殷勤。

（2）按先主后宾，先女士后男士的原则依次将菜单、酒单从宾客右边送至每位宾客手中，同时礼貌地请宾客阅读菜单、酒单。

（3）若应宾客要求提供点菜建议，服务员应在尊重宾客饮食习惯的前提下，根据菜单的组合，菜品搭配、酒水搭配的基本原则，向宾客推介适宜的菜式。

（4）要多与宾客沟通，询问有关信息。如询问宾客有无特殊要求，对牛扒菜品生、熟程度的要求，订沙拉时应询问宾客所需的沙拉汁，等等。

（5）和宾客讲话时，身体要略向前倾，音量要适中，以不打扰其他宾客为标准。

（6）收回菜单，并祝宾客用餐愉快。

第三节　西餐餐中礼仪

一、餐中礼仪概述

（一）优雅入座

1. 入座顺序

在西餐礼仪中，讲究女士优先，一般都是女士落座后男士再坐。由服务生拉开椅子，从左侧入座即可。除女士优先之外，还要遵循宾客优先、长者优先等原则。服务生一般会按先女后男、先宾后主、先长后幼的顺序为客人拉椅让座，待客人坐下后，为客人铺餐巾，并点燃蜡烛以示欢迎。

2. 落座步骤

（1）站在椅子或者沙发的左前方，从左边入座是基本礼貌。在服务生向后轻拉椅子的同时，将右脚向右侧跨出一小步，刚好落脚在椅子中间的位置。

（2）左脚快速靠拢过来，此时站在椅子的正前方，与服务生的位置正好重叠，一前一后。

（3）服务生会在此时将椅子向前轻推，不要向身后张望，稍微后倾落向座位，轻轻地用腿感受椅子。保持后背直立，轻坐于椅子前端。

（4）调整坐姿，坐在椅子的三分之二处。

（5）双膝并拢，双脚一前一后放置或者并立。双腿可以稍微向旁边倾斜，采用双腿斜放式坐姿，避免僵硬。

起身的时候，先放松脚踝，双脚在身前平置，然后将右脚后退站起来，起立的同时注意后背直立，与座位垂直。

(二) 餐巾的使用

餐桌礼仪是从餐巾开始的。餐巾是用餐环节中非常重要的一个辅助工具（图4-14）。它能体现出一个人的修养和品位，有的人一

图4-14 餐巾的使用（1）

看到餐巾就喜欢折叠，有的人看到餐巾喜欢用来擦拭面部，更有甚者直接把餐巾垫在椅子上。所以，如果使用不当，餐巾似乎就成了多余的物品，那么餐巾的正确用途究竟是什么呢？

1. 餐巾的用途

（1）保持清洁。餐巾可以帮助人们保持衣服的清洁，将餐巾适当折叠放在大腿上，可以避免食物脏污衣服。

（2）遮挡掩饰。餐巾可以起到遮掩的作用，当需要吐出较烫的食物或不喜欢的食物时，可用餐巾遮掩，以免出现不雅观的举动。

（3）擦拭清洁。餐巾可以用来擦拭。当嘴部周围有面包渣等食物痕迹时，可以用餐巾轻轻沾擦。

（4）象征意义。餐巾的使用同时体现着用餐的节奏。一定要谨记，不能入座后即展开餐巾，正式用餐时要待女主人动手后方能进行，或者在点餐完毕之后再打开餐巾，最好在第一道菜端来之前打开。

要特别注意的是，经常看到用餐者很茫然地看着自己左右两块餐巾，不确定哪一块才是自己的，那么，你的餐巾在哪里呢？通常情况应该是：① 用西餐时，餐巾应在主菜盘中。② 如果不在主菜盘中，则左侧的餐巾是属于你的（图4-15）。

千万不要拿错餐巾，以免出现令人尴尬的局面。

图4-15 餐巾的使用（2）

2. 餐巾使用礼仪

餐巾不能铺在餐桌上，因为那样做虽然维护了餐桌的清洁，但事实上餐巾是为用餐者准备的。餐巾通常是铺在大腿上方对折成三角形，折好的餐巾应将开口朝外（图4-16）。餐巾也可以对折为长方形，开口朝外。不能将餐巾吊挂在领口，那是婴儿餐巾的使用方法。

图4-16　餐巾的使用（3）

折放餐巾后要确保餐巾稳妥，不要发生餐巾频繁掉落的情况，若餐巾不慎掉在地上，可招手请服务生帮忙更换一条新的餐巾。

如果就餐中途要离开，说声"Excuse me"，将餐巾放在自己的座椅上或者盘子左侧即可。用餐结束后，应把餐巾放在桌子上，适当折放，以体现修养，但不必过分整齐，以免让服务生产生用餐未结束的误会，如图4-17所示。

图4-17　餐巾的使用（4）

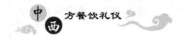

(三) 餐具的使用

为了在品味西餐时能够保持一种优雅而浪漫的气氛,必须先熟悉刀叉的使用礼仪。在西餐当中,刀叉不只是方便食用的工具,也是提示服务的一种方法,将餐具用不同形状摆放在餐盘中,分别代表了不同的服务提示。

1. 餐具的摆放

在西餐中,餐具的摆放是很有讲究的,基本的摆放方法主要有以下两种。

(1) 餐巾放在装饰盘上。

① 装饰盘(展示盘)放在客人面前的正中间,餐巾放在装饰盘上面(图4-18)。

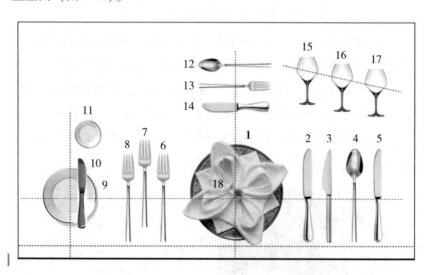

注:1. 装饰盘(展示盘);2. 餐刀(主菜刀);3. 鱼刀;4. 汤匙(汤勺);5. 头盆刀(开胃品刀);6. 餐叉(主菜叉、沙拉叉);7. 鱼叉;8. 头盆叉(开胃品叉);9. 面包盘;10. 奶油刀(黄油刀);11. 黄油碟;12. 甜品匙(甜品勺);13. 甜品叉;14. 甜品刀;15. 水杯;16. 红酒杯(红葡萄酒杯);17. 白酒杯(白葡萄酒杯);18. 餐巾。

图4-18 西餐餐具的使用(1)

②甜品刀、叉和甜品匙一般横放在装饰盘前方。甜品刀刀刃向内，刀尖朝左，放在最内侧；甜品叉头朝右放在中间；甜品匙头朝左放在最前面。

③餐刀、鱼刀、汤匙和头盆刀一般竖放在装饰盘右边。

④餐刀、鱼刀、汤匙和头盆刀的前方摆放杯子，从左到右有次序地斜着摆开，分别是水杯、红酒杯（红葡萄酒杯）、白酒杯（白葡萄酒杯）等。酒杯的数量与酒的种类相等。

⑤餐叉、鱼叉和头盆叉一般竖放在装饰盘左边。

⑥餐叉、鱼叉和头盆叉的左侧或左前方放置面包盘，内置黄油刀。黄油碟一般放在面包盘的前方。

要特别注意的是，在实际摆放过程中，要根据餐厅特色和用餐的实际需要等因素适当地调整叉、刀等餐具的摆放种类、摆放数量及摆放的位置（图4-19）。

图4-19 西餐餐具的使用（2）

如果客人有点咖啡，咖啡杯和调料应该放在右侧汤匙的旁边。

正式餐厅里，若客人点的是鱼类菜肴，服务员上菜前会将刀叉换成吃鱼专用的较平的叉子和不锋利、扁平的鱼刀。

（2）餐巾放在最左边。如图 4-20 所示，除餐巾放在最左边之外，其他摆放要求同前所述。

图 4-20　西餐餐具的使用（3）

2. 餐具的使用方法

（1）左手持叉，右手持刀，食指按住刀叉柄，左手以叉子压住食物的左端，右手用刀顺着叉子的侧边切下约一口大小的食物，然后左手用叉子将食物送入口中。注意，将刀子拉回时不可用力，而是在往前压下时用力，这样才能利落地将食物切开。

要特别注意的是：① 吃西餐时刀叉的使用有美式和欧式之分。美式的刀叉使用方式是先用左手持餐叉抵住食物，再用右手持餐刀切割食物，切好一块食物后，放下餐刀，改由右手持餐叉将食物送入口中。而欧式的刀叉使用方式是一直保持左手持叉，右手持刀。② 两把以上刀叉，应由最外依次向内取用。③ 用过的刀叉或勺子永远不要放在桌子上，很容易弄脏桌布。④ 永远不要把刀口的方向朝向别人，要对着自己。这跟我们平时给别人递剪刀、水果刀时要将手柄对着别人、刀口对向自己是同一个道理。⑤ 刀叉或勺子要全部放在盘子上，不能将餐具的一端搭在盘子上，另一端悬空或靠在桌面上，这样餐具很容易滑落。⑥ 吃较大蔬菜,可用刀叉来折叠、分切,并用刀将食物推到叉背上。
⑦ 不要一手拿刀或叉,而另一只手拿餐巾擦嘴,也不可一手拿酒杯,另一只手拿叉取菜。

(2) 不用刀时,也可以用右手持叉,进餐中放下刀叉时,应将刀叉左右分开,分别放在装饰盘两侧。

(3) 黄油刀是用来切黄油片、将黄油抹到面包上的刀具,不可以作其他用途。抹完黄油后,可以将黄油刀竖直放置在盘子上,刀口面向自己。

(4) 如有淋上调味酱的食物,可以用刀子刮取调味酱,再以汤匙将食物与调料一起送入口中。

(5) 汤匙采用握笔的方式来拿,即用拇指、食指和中指捏柄,其余手指协助支撑汤匙柄(图4-21)。

图 4-21　西餐餐具的使用(4)

假如汤或甜品是装在深口的碗里或杯子里,一般下面还会带一个托碟。当你没有喝完汤或吃完甜品时,汤匙要留在碗里或杯子里。但当你喝完汤时,就要把汤匙凹陷面朝上放在底下的托碟上;如果托碟实在是太小了,汤匙放不稳,才可以把汤匙放在碗或杯子里(图4-22)。

图 4-22 西餐餐具的使用（5）

（6）吃意大利面一般可以直接用餐叉卷起一小撮送入口中，也可以用餐叉卷起一小撮放到勺子里，再用勺子将意大利面送入口中。如果意大利面太长了，不方便卷，可以事先用餐刀把意大利面切断再用餐叉进食，如图 4-23 所示。

图 4-23 西餐餐具的使用（6）

3. 刀叉语汇

在西餐厅里，我们一般只能听到人们低低的交谈声和使用餐具的轻声，很少见到客人总是呼叫服务员忙这忙那的。的确，在大多数情况下是不需要多费口舌的，你进餐时的一举一动都在告诉服务员你的意图，训练有素的服务员会按照你的意愿为你服务。"西餐餐具语言"最典型的例子，体现在刀叉的摆放上，如图4-24所示。

图4-24 西餐餐具的使用（7）

（1）餐间休息或继续用餐。盘子没空，仍要继续食用此道菜，只是暂停一下，请把刀叉分开放，大约呈八字形（刀口朝内）（图4-24中图示②），那么服务员就不会把你的餐具收走。

（2）坐等第二份。如果吃完第一份坐等第二份的话，请把刀叉摆放成十字形，且刀口朝下（图4-24中图示③）。

（3）用餐完毕。盘子已空，你也不想继续用餐时，把刀叉并拢，垂直摆放，且刀口朝内（图4-24中图示⑤），那么服务员会在适当时候把你的盘子收走（即便盘子里还有东西）。

（4）评价服务。有些客人也会对餐厅的服务做一番评价，这时刀叉也有特定的摆法，表达不同的用餐感受。如将刀叉平行横放（图4-24中图示④），表示你对本次的用餐过程很满意；若将刀叉交叉摆放（图4-24中图示⑥），表示你觉得餐厅的菜或服务不好。

(四) 用餐礼仪

西餐的上菜顺序，如图 4-25 所示。

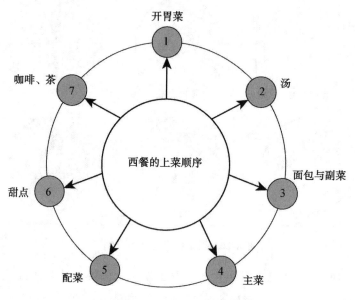

图 4-25　西餐的上菜顺序

1. 开胃菜

餐前的开胃菜应唤醒味蕾，为用餐的高潮——主菜的到来做好完美的铺垫。

（1）什么是开胃菜。开胃菜（又称"头盘"）通常在主菜上菜前食用。一般都具有特色风味，味道以咸和酸为主，而且数量较少，质量较高。开胃菜主要为小点心、烘焙食品，或其他酸性菜肴的开味小菜，其目的是刺激味蕾，以起到增加食欲的作用。一般来说，这些菜肴的量或味道与主菜完全不同，食用方法通常也有所不同。开胃菜常用中、小型盘子或鸡尾酒杯盛装（图 4-26）。开胃菜强调外观和口感兼具，在装饰上也非常讲究。

图 4-26　西餐开胃菜

（2）开胃菜的内容。开胃菜一般有冷头盘和热头盘之分。

① 冷头盘。由冷制食品制成，如熏三文鱼、黑鱼子酱、生蚝和鹅肝酱、虾仁鸡尾杯等。

② 热头盘。由热制食品制成，如法式田螺、串烧海虾、奶油鸡酥盒等。

（3）食用原则。开胃菜不要吃得太多、太饱。开胃菜应以先冷后热为原则，先取适量的冷菜，再取适量的热菜。最好不要把冷菜与热菜放在一个盘子里。

吃西餐自行点菜时，不要因为菜单上有开胃菜而一定要点，可以根据个人的喜好与食量来确定。

2. 汤

（1）西餐汤的种类。西餐中的汤类品种很多，大致可分为冷汤和热汤，也可分为浓汤和清汤。要求原汤、原色、原味。

热汤有牛尾清汤、鸡清汤、奶油汤、法式洋葱汤等。冷汤较少，比较有名的有西班牙冻汤、德式杏冷汤、格瓦斯冷汤。

西餐中的汤风味独特，用料讲究，各国都有其著名的、有代表性的汤，如法国的洋葱汤、意大利的蔬菜汤、俄罗斯的罗宋汤、美国的奶油海鲜巧达汤、英国的牛茶配忌斯条等。

（2）食用方法。通常西餐的汤不是用来喝的，而是用来吃的，盛汤的容器有汤碗，也有汤盘，如图 4-27 所示。

图 4-27　西餐汤碗与汤盘

西餐的汤一般表面上看不出冷热，第一勺一定要舀得少一点，以尝试温度，如果太烫，可以稍置一会儿再喝，但不能用嘴吹汤。

用汤匙舀汤汁的时候，不要舀得太满而溢出，大约七分满即可。另外，英式舀汤的方法是由内向外舀，而法式习惯上是由外向内舀，一般情况下由内向外舀起即可，如图 4-28 所示。

图 4-28　西餐舀汤的方法

喝汤的时候应以汤匙就口，倾斜汤匙后不出声地喝入口中。

当汤汁剩下不多，不好舀出时，可以将碗稍微向外倾斜，方便用勺舀起。千万不能以碗就口，端起碗来喝汤，这在欧美人的眼中是特别失礼的行为。

3. 面包与副菜

（1）面包。正式的西餐厅都会提供面包，但不是作为主食来提供的，而是由服务员将面包篮拿到你的身边，由你自己选择。

面包具有清除口腔味道的作用，可配合西餐汤食用。

当服务员将面包送到你的桌边时，直接用手拿取想吃的面包放在自己的面包盘上，再从奶油盘中取一块奶油放在自己的面包盘上即可。如果没有面包盘供应，放在餐盘的左方空处即可。食用面包时，应先用手把面包撕成一口大小，然后用左手拿着小面包，用右手持刀涂抹奶油后，一次性送入口中，如图4-29所示。

图4-29　西餐面包的吃法

要特别注意的是，吃面包时，不要整块咬食也不能把面包插在叉子上咬着吃。黄油应涂在撕下的小块面包上，不要整片面包都涂满黄油。不要用面包去蘸黄油，而要用黄油来抹面包。

（2）副菜。鱼类菜肴一般作为西餐的第二道菜，也称为副菜。其品种包括各种淡水鱼和海水鱼类、贝类及软体动物类。通常水产类菜肴与蛋类、酥盒菜肴均称为副菜。

因为鱼类等菜肴的肉质鲜嫩，比较容易消化，所以放在肉类菜肴的前面。鱼类菜肴吃起来比较麻烦，如果不知道吃鱼的礼仪，会让整个盘子显得一片狼藉，十分不雅，且无法品尝整条鱼的美味。

鱼类菜肴一般会配上柠檬吃，以去掉鱼的腥味。挤柠檬汁时，应一只手稍微遮挡一下，不要让柠檬汁过多地洒在鱼身上。

如果鱼刺不小心卡在嘴里，应该用餐巾遮住嘴部，轻轻地用叉子的尖端把鱼刺剔出来，再把鱼刺放在盘子的边缘。

4. 主菜

牛排是西餐的主角，在西餐中扮演着非常重要的角色，一直是经典的主菜，人们甚至常常用吃牛排大餐来指代吃西餐。

西方食用牛肉的习惯始自欧洲中世纪时，那时猪肉及羊肉是平民百姓的食用肉,牛肉则是王公贵族食用的高级肉品,珍贵的牛肉被他们搭配上当时也享有尊贵身份的胡椒及其他香辛佐料一起烹调,并在特殊场合中供应,以彰显主人的尊贵身份。

(1) 牛排的种类

在餐厅的菜单上牛排有各种不同的名称。依据肉的部位不同、调理的方法不同、酱汁的口味不同,牛排可分为不同的种类。菲力、肋眼、纽约客、丁骨、红屋、沙朗、肋排、牛小排……这些都是西餐厅菜单上常见的字眼。

① 菲力牛排(Fillet/Tenderloin Steak)。菲力牛排取自牛的里脊肉,因每头牛只有一小条而显得异常珍贵,是最贵的牛排部位(图4-30 Tenderloin部位)。这部分是牛运动时最少用到的肌肉,因此是牛身上最嫩、最柔软且脂肪含量最少的一块肉,中国香港人称其为嫩牛柳。菲力的特点是瘦肉较多、高蛋白、低脂肪,比较适合希望保持身材的女性,或者是老人、孩子食用。

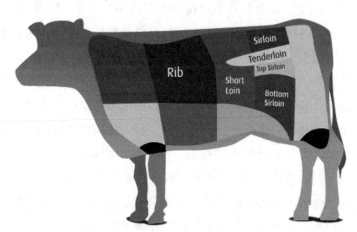

图4-30 牛排的种类

菲力牛排的典型是惠灵顿牛排。

② 肋眼牛排(Rib-eye Steak)。肋眼牛排又称"肉眼牛排",取自牛的第6根到第12根肋骨附近的肉,是最漂亮的牛排部位

（图4-30 Rib部位）。肋眼牛排或许比不上腰脊肉那样嫩，但骨边肉的味道一向不错，比沙朗耐嚼，比菲力够味，油花分布很好看，肥瘦适中。其特色是多汁、肉嫩，有许多脂肪夹杂，红白相间像大理石一样。通常上桌的肋眼牛排是已经去骨的。

③ 纽约客牛排（New York Steak）。纽约客牛排取自牛前腰脊肉（图4-30 Short Loin部位），含有些许脂肪，是最适合煎烤的牛排部位，在美国俗称纽约客。还有一种带骨纽约客牛排，在肉的外沿带一圈白色的油花，肉质鲜嫩，油花分布均匀。

④ T骨牛排（T-bone Steak）。T骨牛排又称"丁骨牛排"，取自牛背上一块呈T字形的脊椎骨（前部），是口感最丰富的牛排部位（图4-31 Short Loin部位上侧）。T骨牛排是一块由外脊肉、脊骨和里脊肉等构成的大块牛排，中间有一块T形的骨头，在骨头两侧肉一边多一边少，多的是西冷，少的则是菲力，所以可以同时吃到两种口味的肉。

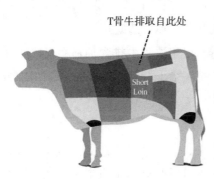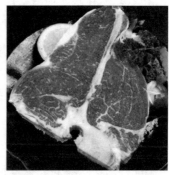

图4-31　T骨牛排

⑤ 沙朗牛排（Sirloin Steak）。沙朗牛排又称"西冷牛排"，取自牛后腰脊柱两侧的肉，是最经典的牛排部位之一（图4-30 Sirloin部位）。沙朗的特点是肉质鲜嫩，有韧性，同时又带有适量的脂肪，肥瘦相间。正宗的沙朗也是牛运动量极少的部位，像大理石纹一般。沙朗适合牙口好的年轻人。

（2）牛排的正确吃法。

① 如果酱汁没有事前淋上，可以自行动手依照个人的喜好添加。倒酱汁时，应将酱汁壶靠近盘子，以不洒出酱汁为宜。用汤匙将酱汁淋在牛排前方。

② 切牛排时，用叉子叉住肉的一端，再用刀子切下一口大小的肉食用（图4-32）。注意不要让刀叉和盘子碰撞发出尖锐的响声。

图 4-32　牛排的正确吃法

③ 不要一开始就把肉全部切开，极不雅观，也会让肉汁流散，使肉质变干，浪费精心做出的美味，所以应边吃边切。

西方人爱吃较生口味的牛排，由于这种牛排含油适中又略带血水，口感甚是鲜美。中国人一般更偏爱七分熟，因为怕看到肉中带血，所以更偏好熟食。

5. 配菜

西餐的主菜大多为肉类、家禽、海鲜等酸性食物，因此常常会随主菜配些蔬菜类菜肴，这样做既可以凸显和点缀主菜，又可以酸碱调和，均衡营养。

蔬菜类菜肴的种类往往非常丰富，而且注重观感。大块蔬菜可以用刀切着吃，颗粒状的青豆、玉米粒等可以用叉子舀食。

6. 甜点

中国有一句俗语叫作"虎头凤尾"，如果用来形容一场完美的宴会，那就要求有令人垂涎欲滴的前菜，美味可口、香气四溢的主菜，宴会收尾时还要有几道让人回味无穷的甜点。餐后的甜点可以帮助消化，也让人心情愉快。所以，它不是可有可无的点缀，而是一顿西餐完美的结尾。

（1）蛋糕。蛋糕一般是由烤箱制作的，是以鸡蛋、白糖、小麦粉为主要原料，以牛奶、果汁、奶粉、香粉、色拉油、水、起酥油、泡打粉为辅料，经过搅拌、调制、烘烤后制成的一种像海绵的点心。

黑森林蛋糕是德国著名甜点，十分美味。它融合了樱桃的酸、奶油的甜、樱桃酒的醇香。完美的黑森林蛋糕经得起各种口味的挑剔。其德文原意为"黑森林樱桃奶油蛋糕"。正宗的黑森林蛋糕，巧克力相对比较少，更为突出的是樱桃酒和奶油的味道，如图4-33所示。

图 4-33　黑森林蛋糕

蛋糕的正确吃法：先用叉子按压住三角形蛋糕的尖角处，再用刀子切下，若还是太大，可以再切成小块。如果是圆形、长方形蛋糕，可以从一侧切到另一侧。

（2）冰激凌。冰激凌（图4-34）是以饮用水、牛奶、奶粉、奶油（或植物油脂）、食糖等为主要原料制成的冷冻产品，口感细腻、柔滑、清凉，如图4-34所示。

图 4-34　冰激凌

装点在冰激凌上的饼干之类的东西，用来缓和被冻麻了的舌头。吃冰激凌会有专用的勺子，从面前的这一部分吃起，饼干可以用手直接拿取。

冰激凌是意大利人的发明，直到今天，西西里岛的冰激凌仍被认为是意大利最好的冰激凌。到过意大利的人，品尝到意大利冰激凌，无不惊叹其可口的味道及精致的外形。

（3）水果。餐后甜点经常出现的还有瓜果类。取食如哈密瓜、木瓜等水果时，首先应该先切掉全部外皮，再用刀从果肉的一角一块一块地切，不要一下子全部切完。

在餐后，奶酪与葡萄相配是绝妙组合，所以葡萄也是常见的甜点中的水果。首先应该用手将葡萄的皮剥掉，在用手取出口中的葡萄籽时，应该拿纸巾稍稍遮一下嘴角，并将其放在盘子的一端。

二、西餐餐中礼仪

就餐服务是点菜服务的继续。服务要规范，要特别注意细节，随时巡台，与宾客保持良好的沟通，要照顾好每一位宾客，为宾客提供最优质的服务，给宾客留下美好的印象。要根据西餐的上菜顺序有序上菜，并做好相关服务。西餐的上菜顺序是头盘（又称"开胃品"）、汤、面包与副菜、主菜、配菜、甜点、咖啡或茶。上菜

第四章 西餐礼仪探究

须使用托盘。

（一）上黄油、面包

将新鲜的黄油、面包从宾客的左边（黄油碟和面包盘通常放在宾客的左前方）按先女后男的顺序分别放入黄油碟和面包盘内。

（二）佐餐酒服务

先向主人示瓶，待其确认后再往杯中斟少许让其品尝，然后在宾客右侧按先女后男的顺序斟酒，最后到主人。

（三）头盘服务

上菜时用右手从宾客右边端上，直接把菜放入装饰盘内，如图4-35所示。当宾客用完头菜后，再用右手徒手从宾客右边撤下头盘。

图 4-35　西餐上菜

（四）上汤

汤盘直接放入装饰盘，宾客用完后，把汤盘连同装饰盘一起撤下。

（五）面包服务

正式的西餐厅都会提供面包，但不是作为主食来提供的，而是由服务员将面包篮拿到你的身边，由你自己选择。

面包具有清除口腔味道的作用，可配合西餐汤食用。

（六）上副菜

鱼类菜肴一般作为西餐的第二道菜，也称为副菜。其品种包括各种淡水鱼和海水鱼类、贝类及软体动物类。通常水产类菜肴与蛋类、酥盒菜肴均称为副菜。

因为鱼类等菜肴的肉质鲜嫩，比较容易消化，所以放在肉类菜肴的前面。

（七）主菜服务

从宾客右侧上主菜，并报菜名，牛排、羊排要告知几成熟。徒手撤走主菜盘及刀叉，并清整桌面，征求宾客对主菜的意见。

 案例

西餐扒房要求应该更高

一天晚上，几位外国宾客到深圳某四星级酒店的西餐扒房点了一瓶香槟酒和牛扒等食品。过了五六分钟，服务人员回来告诉宾客这种香槟酒已经卖完。宾客并不太介意，又点了另一种香槟酒。但七八分钟过后，服务人员回来又告诉宾客这种香槟也没了，查看了

仓库也无存货。宾客听后有点不快,感觉服务人员怎么对餐厅所售酒水有无都不清楚,而且连续发生两次。稍后,一位宾客所点的牛扒送了上来,宾客尝后感觉牛扒太生,未按其要求烹制,于是叫来服务人员拿走重新加工,可能是服务人员没有听懂宾客的要求,几分钟后牛扒重新端上,宾客觉得并没有什么改变,连续发生的几件事,令宾客非常不满。

扒房是高档次的西餐厅,服务人员在接待、点餐、销售等服务过程中要特别注意客人的要求,尤其是客人对牛扒烹制程度的喜好。对餐厅菜单和酒水牌的餐饮,服务人员应熟知基本情况,对客人较少点用的酒水,更要清楚有无存货。

西餐厅外国客人较多,对服务人员的英语水平要求较高,员工平时须加强英语培训,尽量避免因沟通不畅而导致的服务不周。

(八)上配菜

西餐的主菜大多为家禽、海鲜等酸性食物,因此常常会随主菜配些蔬菜类菜肴,这样做既可以凸显和点缀主菜,又可以酸碱调和,均衡营养。

上配菜时要结合主菜向宾客讲解配菜的功效与营养价值。

(九)上甜品

餐后的甜点可以帮助消化,也让人心情愉快,是一顿西餐最饱满的结尾。上甜品时一定要向宾客配以必要的讲解。

(十)咖啡或茶服务

询问宾客要喝咖啡还是茶,随后送上糖盅、奶壶、柠檬片、咖啡具或茶具,从宾客右边斟上咖啡或茶。

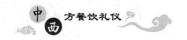

(十一) 推销餐后酒

餐后酒一般是一些利口酒或白兰地。展示餐后酒车，征求宾客意见并为之服务。

要特别注意的是：① 上菜之前，应根据宾客的订单重新摆换餐具。② 根据餐桌、餐位的实际状况，合理确定上菜的位置。③ 在宾客用餐过程中，要特别留意宾客的"刀叉语汇"，即宾客在不同用餐阶段的刀叉摆放。要能够根据"刀叉语汇"判断是采取撤盘还是不撤盘的行动。一般情况下，每吃一道菜都需要换一副刀叉，而且要等所有宾客用完同一道菜后再撤下空盘。撤盘一定要轻拿轻放。④ 席间服务要体现对宾客的尊重之意。撤换小物件应使用托盘。撤盘时，左手托盘，右手收盘，将刀叉集中放在一头，留出空余地方放盘子。

思乡的顾客

某饭店有一位来自日本的长住宾客，他平时表情严肃，心情总是很沉重的样子，每天他都按时到饭店的餐厅里吃自助餐。一天，当他正在吃饭时，忽然餐厅的灯光略微暗了一些，宾客听到了一曲熟悉的日本音乐，同时，餐厅里出现了几位身着日本和服翩翩起舞的女孩子，一位女主持人用甜美的声音说："今天是这位日本宾客的生日，我们向他表示祝贺！"接着，又向他送上了一束鲜花。这位日本宾客十分感动，他的思乡情绪得到了缓解。

餐厅为顾客过生日或者送上一个小蛋糕的举动真的很贴心。这家餐厅可以在顾客不透露的情况下主动为顾客庆生，慰藉了他的思乡之情。这对于顾客来说是一个难得的服务体验。

第四节　西餐餐后礼仪

一、结账服务礼仪

西餐餐后的结账服务一般是在宾客的座位上完成的，服务员应事先将账单准备好，尽量不要让宾客有等待时间。听到宾客吩咐结账时要第一时间到收银台取来账单并递到宾客手上。结账服务具体要注意以下几个方面。

（1）检查账单。账目务必要记录清楚，在将账单递交给宾客之前，要检查台号是否正确、宾客消费项目价格是否正确，确认无误再递交。

（2）呈上账单。账单一般放在小盘里，从主人的右手递上，为避免同桌的宾客看到金额，最好将账单折起或置于账单夹中，在递交完账单后应暂时离开，让宾客在方便时付账，同时也方便宾客仔细确认账单。

（3）现金结账。检查客人所付的现金；账单夹合拢，向客人致谢，将现金和账单交回收银处；核对收银处所找钱是否正确；将找钱和账单存根放在账单夹中，送回给客人并致谢。

（4）客人签单。若宾客是住店客人且要求签单，则要求客人出示房间登记卡；请客人在账单上写下房号和签名；将登记卡及签好的账单交回收银处核对；核对无误，将登记卡还回客人并致谢。

（5）客人刷卡。如果宾客使用信用卡结账，要将宾客的信用卡拿到收银台请收银员确认；确认无误后，由收银员刷卡后出信用卡签账单；检查信用卡签账单所写的金额是否正确；将信用卡和信用卡签账单一起拿给宾客；让宾客在信用卡签账单上签字，并将持卡人联根交回宾客并致谢；将信用卡收据交回收银处。

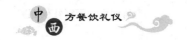

要特别注意的是,小费是客人对服务表示满意而给予的奖励,在国外,接受了满意的服务却不给小费是非常不礼貌的,因为小费对于服务人员来说很重要,服务人员很大一部分收入都来源于小费。

顾客需要付给服务人员的小费通常为消费总额的10%左右。结账时,客人有时也会告知服务员找回的零钱可以留作小费,这是付小费常用的一种方法。

客人离开时,服务生会礼貌送别,并帮助客人拉开椅子,帮助提拿随身物品或协助叫出租车,这时客人也应礼貌致谢。

西餐中最后一道往往是以咖啡为主。关于咖啡礼仪参见本章第七节"咖啡礼仪"。

二、送客服务礼仪

(1)宾客离座,服务员要主动拉开座椅,微笑送客,欢迎再次光临。

(2)必要时可帮助宾客提拿随身物品或协助叫出租车。

(3)宾客离座后,快速清理台面,台布、口布、餐具按规定收好,重新铺台,摆放餐具,3分钟内完成清台、摆台,准备迎接下一批宾客。

第五节 西餐宴会礼仪

西餐宴会服务的基本环节包括宴会准备工作、迎宾和餐前鸡尾酒服务、餐中服务和送宾服务等。在为西餐宴会提供服务时应注意以下礼仪规范。

第四章　西餐礼仪探究

 宴会准备工作

（1）准备设备、用品，做好餐厅设计。接到宴会通知单后，主管应根据宴会规格、目的和主办单位的要求，同有关部门联系，准备好设备、用品，做好餐厅布置设计，使环境美观、舒适、方便。

（2）做好摆台，摆好餐具和酒水杯。根据宴会通知单的要求摆出台型，铺上台布，按列出的菜单、酒单摆放刀、叉等餐具及酒水杯。餐具摆放要松紧得当，规格统一。

（3）熟悉菜单、菜品，备好开胃品。服务员应熟悉宴会菜单，掌握宴会上西式菜点的风味、原料和简单烹制方法。在宾客到达餐厅前10分钟，服务员应把开胃品摆放在餐桌上，一般是每人一盘，也可把开胃品集中摆在餐桌上，由宾客自取，或由服务员帮助分派。在摆放时应考虑其荤素、颜色、口味的搭配，盘与盘之间要留出一定的距离。

（4）摆好黄油、面包，斟好冰水。在宾客到达餐厅前5分钟，服务员应在黄油盘、面包盘中摆好黄油、面包，在宾客的杯中斟好冰水。

（5）开餐前主管应再次认真检查餐厅环境布置、宴会铺台和服务人员仪容仪表。

 迎宾和餐前鸡尾酒服务

（1）在宾客到达前，站在适当位置迎接宾客；宾客到达时，要热情有礼貌，微笑问好。

（2）在宴会开始前半小时或15分钟，在宴会厅门口为先到的宾客提供酒水服务。由服务员用托盘端上饮料、鸡尾酒，巡回请宾

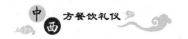

客选用，茶几或小圆桌上备有虾片、干果仁等小吃。

（3）当宾客到齐，主人表示可以入席时，服务员应立即打开通往餐厅的门，引领宾客入席。

 餐中服务

（1）在宾客进入餐厅前，点燃蜡烛。主动为宾客拉椅让座，待宾客坐下后，为其打开餐巾，然后托着装有各种饮料的托盘，待宾客选定后为其斟倒。

（2）宾主开始祝酒时，服务员应及时为宾客斟上香槟酒。

（3）按菜单顺序撤盘上菜。每上一道菜前，应先将用完的前一道菜的餐具撤下，斟好相应的酒水，再上菜。要结合"刀叉语汇"，在合适的时机，等所有宾客都吃完一道菜后一起撤盘。

（4）上甜点、水果之前要撤下桌上除酒杯以外的餐具，换上干净的烟灰缸，摆好甜品叉匙。水果要摆在水果盘里，接着上洗手盅，水果刀、叉。

（5）上咖啡或茶前要放好糖缸、淡奶壶，每位宾客右手边放咖啡杯或茶具，然后拿咖啡壶或茶壶依次斟上。有些高档宴会需推酒水车送餐后酒。

要特别注意的是：① 西餐撤盘一般是徒手操作，所以一次不应拿得太多，以免失手摔破。② 服务过程中应遵循先宾后主、女士优先的服务原则。③ 如果餐桌上的餐具已用完，应先摆好相应的餐具，再上菜。

 送宾服务

（1）宴会结束，服务员应主动拉椅，热情欢送宾客，欢迎其再次光临。

(2) 主管应主动征求主办单位意见，准确处理结账及未尽事宜，并向主办单位表示感谢。

(3) 宾客离开后，服务员应及时检查台面及地毯上有无宾客遗留物品。按顺序收拾餐桌，整理宴会厅及休息室，关好门窗，关掉所有电灯。

第六节　西餐酒水礼仪

一、饮酒礼仪

（一）选酒

高档的西餐厅通常会有侍酒师帮你选择最适合的酒。侍酒师能成功地帮助你选取与美食最搭配的酒，会让你体验一次食物与酒绝美搭配的经历。

（二）试酒

一旦主人（或点酒者）点完酒，侍酒师就会选择适当的玻璃器具放置到餐桌上，在你入座位置右侧刀的位置靠前些。然后侍酒师会取下软木塞，为点酒者倒一杯酒。主人将酒杯放在鼻下深嗅酒之香气，再抿一口含在嘴里品味酒之口感，如图4-36所示，经确认没有缺陷后，接着向侍酒师点头示意可以为客人斟酒。

图 4-36 试酒

(三) 斟酒

在侍酒师斟酒时,客人切忌动手去拿酒杯,而是应把酒杯放在桌上由侍酒师来斟酒。若不想让侍酒师给你斟酒,那么就用指尖轻轻碰下酒杯的边缘,这样服务生就会知道你不想让他斟酒了,如图4-37所示。

图 4-37 斟酒

不论宴会是在家还是在餐厅举行,如果主人提供的是珍品佳酿,务必把酒瓶拿出来给客人观赏一番。如果主人提供的只是普通酒类,应事先把酒倒在有塞子的玻璃瓶内,玻璃瓶不用放在垫子或银盘上。

斟酒顺序客人要先于主人。第一次上酒时，主人可以亲自为所有客人斟酒，等客人喝完一杯后，主人可以请坐在对面的人（也就是第二主人）或侍酒师代替他为附近的人添酒。斟酒时，一般是先斟女主宾位，后斟男主宾位，再斟主人位，对其他宾客，则按座位顺时针方向依次斟酒。两个服务员同时斟酒时，一个从主宾开始，一个从副主宾开始，按顺时针方向进行。

要特别注意的是，绝对不要让客人用同一个杯子喝两种酒。斟酒时，请左手拿一块餐巾放在瓶颈下面；站在客人的右侧；酒瓶的瓶口不要碰触到杯口。斟完酒后旋转一下瓶子，不让瓶口有多余的酒流下来。红葡萄酒倒 1/4~1/3 杯；白葡萄酒倒 1/3~1/2 杯；气泡酒（如香槟酒）倒 2/3 杯左右，并让泡沫满至杯口；啤酒应该斟满，让泡沫丰盈到杯口。一般情况下不要把酒瓶内最后一点"瓶底儿"倒出来，因为瓶底往往有一些沉淀物。

（四）喝酒

为了避免手的温度使酒温升高，影响酒的风味，正确的握杯姿势应该是用三根手指轻握酒杯的杯脚，即用大拇指、中指和食指轻握杯脚，小指放在杯底用以支撑固定。也可以托住杯子底座，只留一只拇指抵住杯子底部，如图 4-38 所示。

可以通过旋转酒杯来进一步观察酒的颜色和散发酒的香味。若您是右手持杯者，逆时针方向旋转杯子较为轻松；若您是左手持杯者，则可以试着以顺时针方向旋转杯子。假如您不习惯旋转酒杯，可将酒杯静置于桌面上，用手轻轻地扶住杯脚，以微微数毫米的距离，依圆形轨迹移动杯底。

图 4-38　正确的握杯姿势

要特别注意的是，喝酒时绝对不能吸着喝，而应倾斜酒杯，像是将酒放在舌尖上品味。除了刚开始时的感谢敬酒，不宜再频频劝他人喝酒。干杯时，提议者应起身站立，用右手端起酒杯，以左手托扶杯底。若是主人提议干杯，即使在座的宾客滴酒不沾，也要起身拿着酒杯，以示对主人的尊敬。用来干杯的酒，一般只用香槟酒，而绝对不可以用啤酒或其他葡萄酒；以饮去杯中一半的香槟酒为宜。西餐礼仪一般是只举杯示意而不真正碰杯，如果要碰杯应该优雅、轻巧，也可以把酒杯端到与视线相平的位置，眼睛正视着对方，通过语言或者眼神示意，然后再品一口。在高档餐厅内，侍酒师和服务员会在用餐期间为你续杯，所以尽量避免自己续杯。如果发现杯子空了，可以提醒他们续杯。当然在休闲餐厅和酒吧可以自己随意续杯。此外，非敬酒时的一饮而尽、拿着酒杯边说话边喝酒、吃东西时喝酒、口红印在酒杯沿上等都是西餐饮酒时的失礼行为。

二、餐前酒礼仪

(一) 酒水服务概述

西餐的酒水服务主要分餐前酒水服务、佐餐酒服务、甜食酒服务和餐后酒服务几个阶段。服务员在为宾客提供服务时,不仅要了解酒水知识,还要熟练掌握不同酒水斟酒的操作技能和服务规范,处处体现尊重宾客原则,以细节打动宾客,为宾客提供优质服务。

西餐的酒水服务应注意以下几个方面。

(1) 推介要适度。根据宾客点菜的情况,推介酒水,推介时要尊重宾客的个性和习惯。

(2) 服务要规范。无论为宾客提供哪种酒水服务,示酒、开酒、斟酒都要符合酒水服务规范。酒水斟倒要不滴不洒,不少不溢。

(3) 关注宾客。在宴会进行中,要随时观察宾客,掌握续酒时机,当确认宾客不加酒时应立即将空杯撤下。

(4) 注重细节。注意酒水的最佳饮用温度;先斟酒后上菜;开启香槟瓶时,口不能朝向宾客;倒香槟通常采取"斜溜式"倒法;冰桶、酒篮放在桌上时,不能影响宾客用餐;等等。

如果主人提供的是珍品佳酿,务必把酒瓶拿出来给宾客观赏一番。如果主人提供的只是普通酒类,应事先把酒倒在有塞子的玻璃瓶内。

(二) 合适的餐前酒

餐前酒又叫"开胃酒",大多口味偏干,是引起客人食欲的餐前酒品，在正式用餐前饮用或在吃开胃菜时与之搭配，包括干性气泡葡萄酒、餐前鸡尾酒、干性雪利酒、干性（法式）味美思酒等。开始点餐之前，服务人员通常都会让你点餐前酒。

1. 选择餐前酒的原则

餐前开胃酒一般不要选择太烈或者太甜的酒，这样会使味蕾麻痹、黏腻，最好选择酒精含量比较低、比较清爽的酒来刺激味蕾，增进食欲。

2. 餐前酒——香槟

香槟（Champagne）是气泡酒，是一种庆祝佳节用的酒，它具有奢侈、诱惑和浪漫的色彩，也是葡萄酒之王。

之所以称为香槟，是因为它的发源地为法国的香槟区。香槟地区葡萄园的土壤是中生代时期形成的一片厚实的白垩质土壤，特殊的土质和气候条件造就了香槟地区特有的高质量葡萄，而且香槟地区的葡萄基本都会采用手工采摘，这样做的目的是保证葡萄酒的品质。真正的香槟酒，只有巴黎东北部的兰斯（Reims）和埃佩尔奈（Epernay）地区出产。其他国家生产的酒，大都以法国的制造法为范本，也有按简化的方法制造的，被称为有气葡萄酒或者气泡酒。

香槟酒瓶塞一般是用软木制作的，这样可以使酒中的气泡保存更长的时间。

（三）餐前酒服务礼仪

餐前酒又叫"开胃酒"，大多口味偏干，是引起宾客食欲的餐前酒品，在正式用餐前饮用或在吃开胃菜时与之搭配。餐前酒包括干性气泡葡萄酒、餐前鸡尾酒、干性雪利酒、干性（法式）味美思酒等。香槟酒是一种气泡葡萄酒，是比较常见的餐前酒。

1. 开香槟的方法

开香槟的方法一般包含三个步骤，如图 4-39 所示。

图 4-39　开香槟的方法

（1）去掉瓶口锡箔包装。每瓶香槟或气泡酒都有锡箔包装包住瓶口。据说这些锡箔包装以前是为了防止老鼠啃咬橡木塞。

（2）松开瓶口铁丝网套。找到铁圈呈圆形的部分，逆时针方向松开铁丝网套。注意开瓶时要用大拇指先按好木塞，将瓶口朝向无人的方向，以免木塞飞出伤到人。

（3）旋转酒瓶打开木塞。倾斜握住酒瓶，紧握软木塞，慢慢旋转瓶底。酒瓶内的气压会将木塞慢慢往上推。要慢慢地让木塞前段稍稍倾斜，使二氧化碳放出，这样打开瓶塞时就不会发出巨响了，也比直接旋转软木塞更简单、更安全。通常可以用一条餐巾包住瓶口，就算有问题的话，木塞也不会到处乱飞。

2. 倒香槟的方法

为了品尝到香槟的最佳风味，斟酒时请记住一个口诀——"斜门歪倒、杯壁下流"，即应该采取"斜溜式"倒法：将杯子尽可能倾斜，将瓶口紧靠杯沿，缓慢地先试倒少许酒液进入杯中。此时，气泡可能会急剧涌出，立即形成厚实的慕斯气泡，可以稍停片刻，等待慕斯液面略微下降，接着再继续倒酒，并让酒液缓慢地沿杯壁流向杯底。随着杯子里香槟增多，再徐徐将杯子调整到竖直的位置，如图 4-40 所示。

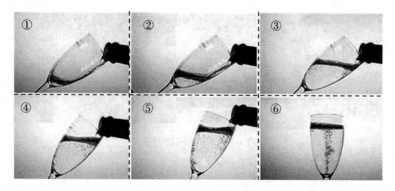

图 4-40　倒香槟的方法

另外要注意，当你在抓着香槟瓶身时，要握住瓶身下缘或抓着瓶底，千万不可抓握着瓶颈。因为你握住瓶颈时，每一滴流出的香槟都会被你手掌的温度给"加热"，不知不觉中香槟的温度就因此而升高了，也就会影响到品饮时的口感与香气。

香槟酒的最佳饮用温度应该在 8℃～10℃。不能往香槟里面加冰块，这样会稀释酒，也不要放在冰箱冷冻室存放，过度冷冻会破坏香槟酒的口感，因此在冰桶里冰镇是很好的选择，如图 4-41 所示。

图 4-41　冰镇香槟酒

香槟酒虽说常常被人们作为餐前酒饮用，但这也不是唯一的搭配，因为不同香槟酒的味道、口感相去甚远，比如特干和略带果味的玫瑰红香槟酒比较醇厚，有时也会佐红肉和禽类食物，比较温和的干香槟酒和半干香槟酒会与甜点搭配。

让女士不悦的西餐厅服务生

小张第一天到西餐厅上班。这天餐厅来了三位宾客（两女一男），于是小张便热情地上前招呼。在小张的推介下，其中一位女士点了一瓶法国香槟酒。宾客就座后，小张便主动为宾客斟酒。当发现小张用右手握住瓶颈为宾客斟酒时，点酒的那位女士脸上表现出一丝不悦。后来再斟酒时，小张首先为点酒的那位女士斟酒，然后为那位男士斟酒，最后为另一位女士斟酒。点酒的那位女士脸上的表情显得更为难看。

此案例的要点有三：一是，负责点酒的人应该为主人；二是，当你在抓着香槟瓶身时，要握住瓶身下缘或抓着瓶底，千万不可抓握着瓶颈。因为你握住瓶颈时，每一滴流出的香槟都会被你手掌的温度给"加热"了，不知不觉中香槟的温度就因此而提高了，也就会影响到品饮时口感与香气的变化；三是，斟酒的顺序应该是先女宾客，后男宾客，最后才是主人。

餐中酒礼仪

（一）合适的餐中酒

1. 葡萄酒的分类

适合做佐餐酒的葡萄酒有红酒、白酒、玫瑰红酒等。从质地上来看，葡萄酒可分为无泡葡萄酒和起泡葡萄酒。无泡葡萄酒又包括白葡萄酒、红葡萄酒和桃红葡萄酒。

（1）白葡萄酒。白葡萄酒是以各种颜色的葡萄为原料，去皮、去籽、去梗后，榨汁、发酵和陈酿而成的。陈年的期限在2~5年，保存期为1~3年。著名产地在德国的莱茵地区和摩塞尔地区。白葡萄酒适宜搭配海鲜、鸡肉、鱼肉、野味等肉色较浅的菜，适合的存放温度为10℃~12℃。喝完后再倒，这是为了避免时间过长，酒温升高，影响口感。

（2）红葡萄酒。红葡萄酒一般采用紫色葡萄，连皮、带籽、带梗一起榨汁，经过两次发酵后陈酿而成。陈年期限为4~10年，保存期为2~5年。法国被称为葡萄酒的王国，波尔多地区的红葡萄酒味道醇美、爽净，被誉为葡萄酒的皇后。勃艮第产区的葡萄酒味道浓烈、醇厚，被称为葡萄酒之星。红葡萄酒适宜搭配牛肉、鸭肉、奶酪、野味等肉色较深的菜。

（3）桃红葡萄酒。酿造桃红葡萄酒，前期与红葡萄酒相同，后期与白葡萄酒相同。它是将葡萄连皮、带籽、带梗一起榨汁发酵，中期去皮，然后陈酿。陈年期限为2~3年，保存期为1~3年。美国加利福尼亚州的桃红葡萄酒最受好评。桃红葡萄酒适合搭配各种菜肴。

中国比较著名的葡萄酒品牌有张裕、长城、王朝、龙徽和皇轩。其中王朝葡萄酒被公认为是最具有法国味道的葡萄酒。

2. 与食物的搭配

葡萄酒搭配食物是一门艺术，不是任何的葡萄酒随便配什么样的菜肴都可以。一般来说就是"红酒配红肉，白酒配白肉"。红肉指的是牛肉、羊肉、鸭肉等，白肉指的是鸡肉、海鲜、兔肉等。一般来说就是，味道浓郁的食物搭配厚重的酒，味道清淡的食物搭配淡雅的酒。干红葡萄酒呈宝石红色，优美悦目，酒香浓郁，酒体丰满，由于它含有一定的酚类物质，干浸出物较高，因此配以红烧肉、牛排、鸭等肉类菜肴会使其更加美味。干红葡萄酒不但可以解除肉的油腻感，而且可以使菜肴的滋味更加浓厚。

(二) 葡萄酒的醒酒

1. 醒酒的目的

大部分的葡萄酒是可以从瓶中倒出直接饮用的，但是有一部分葡萄酒需要经过醒酒才能更好地表现出它们的品质与特色。醒酒器（图 4-42）可以从两个方面提高葡萄酒的品质。

图 4-42　醒酒器

（1）醒酒的一系列动作使葡萄酒进行了有效的氧化作用，这个氧化过程使酒更加圆润，加快了酒的成熟。当酒因为陈年而产生沉淀物的时候，几乎都需要用醒酒这个环节来消除这些虽无害处但能给人带来不快的东西。

（2）经过醒酒可以有效地过滤酒中的沉淀物与开酒时偶尔掉在酒中的酒塞碎末。根据葡萄酒种类、年龄的不同，使用的醒酒器及醒酒时间的长短也是不同的。

2. 醒酒的方法

（1）年轻葡萄酒的醒酒。年轻葡萄酒的醒酒是简单而容易操作的。醒酒的主旨是使酒充分地呼吸，通过氧化作用来柔化葡萄酒，使它更成熟、更圆润。开酒后，直接将酒倒入醒酒器，可以快速倒入,不会对酒有什么伤害。醒酒的时间应该控制在 1 个小时左右,不要用带塞子的醒酒器,要使醒酒器口敞开。

(2)年老葡萄酒的醒酒。有一定年龄的葡萄酒,醒酒的过程要格外慎重与小心,需要有足够的耐心,用柔和的手法。在醒酒之前,葡萄酒应该直立摆放 2 天左右,使酒中的沉淀物都沉积在瓶底,这样将酒倒入醒酒器时,沉淀物才不会一同倒入酒中。当酒倒入醒酒器后要立刻盖上酒塞。

(3)甜白酒、冰酒等,喝前略醒酒即可。

普通白酒、新酒、玫瑰红酒,不需要醒酒,开瓶就可以喝。

10 年以内的红酒,因为年份较短,需要较长时间的呼吸和透氧,约在喝前 2 小时开瓶;10 年以上的红酒,由于在瓶中成熟时间较长,大约醒酒 0.5~1 小时就可以了;陈年红酒,开瓶后先换瓶,以去酒糟,醒酒时间更短一点,只要酒香能充分发挥,就要尽快饮用,以免香气败坏,味道迅速变酸。

(三)开葡萄酒的方法

开葡萄酒的方法很多,比较多见的是使用海马酒刀开瓶器或蝴蝶开瓶器开葡萄酒,如图 4-43 所示。

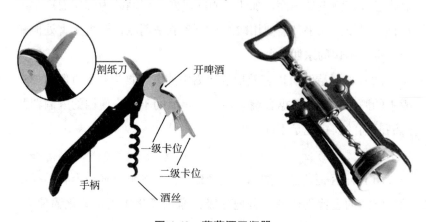

图 4-43 葡萄酒开瓶器

1. 海马酒刀开瓶器的使用方法

（1）用小刀沿瓶口环状凸起下缘切开封瓶口的胶帽，再在侧面划一刀，然后移除胶帽（图4-44）。如果葡萄酒的瓶口有开封带，那么撕开封带就可以了。

图4-44　海马酒刀使用方法（1）

要特别注意的是，开启葡萄酒时，瓶口封皮绝对不能完全撕掉，如果有开封带，以开封带为准，如果没有，以瓶口凸起下缘为准。

（2）将螺丝钻的尖端插入木塞的中间，以顺时针方向钻入木塞中（图4-45）。

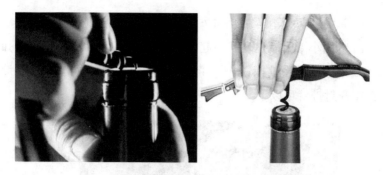

图 4-45　海马酒刀使用方法（2）

要特别注意的是，使用酒钻时不要将木塞钻透，否则容易将瓶塞拔断或使碎屑掉入酒中，影响美观和饮用。

(3) 将一级卡位卡住瓶口，用力握住刀身关节和瓶颈，上提手柄，翘起木塞。待拔出一半时，再将二级卡位卡住瓶口，重复之前的动作（图4-46）。

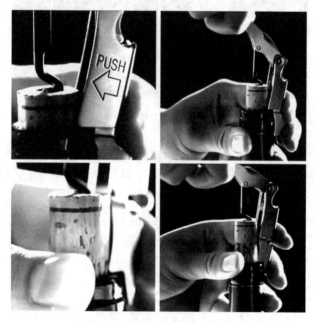

图 4-46　海马酒刀使用方法（3）

(4) 用手握住木塞，轻轻晃动或转动，轻轻地拔出木塞（图4-47）。

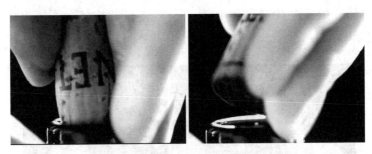

图4-47　海马酒刀使用方法（4）

要特别注意的是，尽量避免在人前开酒。最后不要像开香槟一样发出"砰"的一声。红酒要在用餐1~2小时之前打开，让酒充分呼吸，使酒更加香醇可口。葡萄酒自始至终都是有生命力的，它在装瓶后也不会停止醇化。世界上大部分葡萄酒在装瓶后一两年内就要喝掉，否则就会过期，而好的葡萄酒却需要在装瓶后继续陈酿，有的更是需要10年以上，才能得到品质绝伦的美酒。储存的时候酒瓶要平放，防止木塞干裂。

2. 蝴蝶开瓶器的使用方法

(1) 移除瓶口胶帽，将螺纹尖旋入木塞正中（图4-48）。这时开瓶器两侧的手柄会自然往上翘起。

图4-48　蝴蝶开瓶器使用方法（1）

（2）等到螺纹尖全部进入瓶塞后，握住两侧的手柄往下压，回到原始状态，翘起木塞（图4-49）。

（3）用手握住开瓶器和木塞，轻轻晃动或转动，拔出木塞（图4-49）。

图4-49　蝴蝶开瓶器使用方法（2）

四、餐后酒礼仪

（一）合适的餐后酒

饮用餐后酒是为了在用餐过后能够加速分解脂肪，帮助消化。餐后酒主要有利乔酒、奶酒、薄荷酒等。餐后酒以人头马、飘仙一号等为代表。香蕉酒、杏仁酒、陈皮酒等酒品也都是较常见的餐后酒。

1. 搭配甜点的酒

搭配甜点（苹果派、冰激凌等）喝的酒，通常可以选择甜白葡萄酒或甜气泡酒。

（1）甜白葡萄酒。甜白葡萄酒比较适合想喝葡萄酒但又对单宁等物望而却步的人群。实际上真正懂得酒的人，会在喝"干"类酒品之前来一杯葡萄甜酒，它在餐前温和地打开你的味觉，在餐后为你收尾。

甜白葡萄酒的甜度很高，酒体感觉很浓厚，挂杯现象很明显，甜白葡萄酒多数口感很清醇，各种果香伴随着酒体在入口时弥散开来，回味时依旧是甜的、令人喜悦的。甜白葡萄酒的甜度越高，酒的颜色就越深。

（2）甜气泡酒。气泡酒又名起泡酒或汽酒，因酒中含有一定数量的二氧化碳形成气泡而得名。二氧化碳通过酒的发酵在瓶内或大型储酒缸中自然形成，或被注入酒中。气泡酒通常是白色或粉红色的。

2. 甜度较高的酒

有些甜度较高的酒可以直接当作甜点饮用，如冰酒、甜度高的雪利酒等。

（1）冰酒（Icewine）。冰酒是冰葡萄酒的简称，是在气温较低时，利用在葡萄树上自然冰冻的葡萄酿造的葡萄酒。冰酒品种主要有冰白葡萄酒和冰红葡萄酒。其中冰白葡萄酒呈透明金黄色，素有"液体黄金"之美称，能散发出蜂蜜香和水果香等香味，口感甘甜醇厚，清新可口，是重视健康人士的绿色酒品。

1794年，冰酒诞生在德国的弗兰克尼。当时德国的葡萄园遭受突然来袭的霜害，为了挽救损失，酿酒师将冰冻的葡萄压榨后按传统的方法发酵酿酒，结果他们惊讶地发现酿出的酒酸甜比例平衡，如蜂蜜般甘甜，因此将之命名为冰酒。冰酒酿造技术由德国移民带入加拿大，经当地人进一步改良，酿出的酒更独特，更醇香。真正的冰酒只有在德国、奥地利、加拿大才有生产。加拿大安大略省的尼亚加拉地区是目前世界上最著名的冰酒产区之一。

（2）雪利酒。雪利酒被莎士比亚比作"装在瓶子里的西班牙阳光"。"雪利"由西班牙语"Jerez"音译而来，在西班牙，它的名字应该是赫雷斯酒。赫雷斯是位于西班牙南部海岸的一个小镇，小镇附近富含石灰质的土壤适于种植巴洛米诺（Palomine）葡萄，这种白葡萄即为雪利酒的原料。

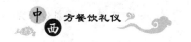

雪利酒的酿制更有别于一般的葡萄酒，是要将它装在橡木桶中，曝晒在艳阳之下，3个月后，收起来冷冻储存。由于处理方法不同，葡萄糖的变化相异于其他葡萄酒，因此雪利酒有一种特殊的风味。

3. 酒精度较高的酒

有些人用完餐之后，喜欢喝一点度数较高的酒来作为结束，如白兰地等。绝大多数混合型威士忌是在餐前喝的，而绝大多数纯麦芽威士忌则是在餐后喝的。

苦味的餐后酒通常含有中草药，可以促进肠胃通气，有助于消化。

4. 餐后酒之王——白兰地

用餐后饮用一些适合的酒不但能够帮助消化，也是为了享受用餐后的好气氛，不过它和餐前酒一样，不是非喝不可的。白兰地酒被很多人作为餐后酒饮用。

（1）什么是白兰地？

白兰地是英文"Brandy"的音译，它是以水果为原料，经发酵、蒸馏制成的酒。通常所称的白兰地专指以葡萄为原料，通过发酵再蒸馏制成的酒。而以其他水果为原料，通过同样的方法制成的酒，常在白兰地酒前面加上水果原料的名称以区别其种类。比如，以樱桃为原料制成的白兰地称为樱桃白兰地（Cherry Brandy），以苹果为原料制成的白兰地称为苹果白兰地（Apple Brandy）。

白兰地起源于法国干邑镇（Cognac）。干邑地区位于法国西南部，那里盛产葡萄和葡萄酒。约在16世纪中叶，为减少海运的船舱占用的空间及大批出口所需缴纳的税金，同时也为避免因长途运输发生的葡萄酒变质现象，干邑镇的酒商把葡萄酒蒸馏浓缩后出口，然后输入国的厂家再按比例兑水稀释出售。这种把葡萄酒加以蒸馏后制成的酒即为早期的法国白兰地。当时，荷兰人称这种酒为"Brandewijn"，意思是"燃烧的葡萄酒"（Burnt Wine）。

研究中国科学史的著名英国专家李约瑟（Joseph Needham）博士曾经发表文章认为，世界上最早发明白兰地的应该是中国人。中国人用甑蒸馏白酒、蒸馏葡萄烧酒（最早的白兰地），已经有1 000多年的历史。西方科学家一致认为，中国是世界上最早发明蒸馏器和蒸馏酒的国家。后来这种蒸馏技术，通过丝绸之路传到西方。进入17世纪，法国人对古老的蒸馏技术加以改进，制成了蒸馏釜，或者叫夏朗德式壶形蒸馏锅，成为如今蒸馏白兰地的专用设备。法国人又意外地发现了橡木桶储藏白兰地的神奇效果，完成了酿造白兰地的工艺流程，首先生产出了质量完美、誉满全球的白兰地。

白兰地酒的酒精度在40%vol~43%vol，虽属烈性酒，但经过长时间的陈酿，其口感柔和，香味醇正，饭后饮用令人感觉舒畅。国际上通行的白兰地，酒精度在40%vol左右，色泽金黄晶亮，具有葡萄果香和浓郁的陈酿木香，口味甘洌，醇美无瑕。

（2）品味白兰地。

① 视觉。首先拿起酒杯对着光源，观察白兰地的色泽及清澈度。品质优良的白兰地应呈现金黄色或琥珀色，通常颜色越深，表示年份越久，不过这不是唯一的原因，有时加入焦糖也会使颜色变深。然后将杯身倾斜约45°，慢慢转动一周，再将杯身直立，让酒汁沿着杯壁滑落，观察杯壁上的"酒脚"（酒经晃动后，在杯壁上慢慢由高往低流的痕迹）流动的速度。一般来说，越好的白兰地，酒脚滑动的速度越慢，且酒脚越圆润。

② 嗅觉。将酒杯由远处移近鼻子，以恰能嗅到白兰地酒香的距离来衡量香气的强度与基本香气，再轻轻地摇动酒杯，逐渐靠近鼻子，最后将鼻子靠近杯口深闻酒气，以便辨别各种香气的特征和确定酒香的持久力。白兰地有淡雅的葡萄香味、橡木桶的木质风味、青草与花的自然芬芳等味道。极品白兰地则具有一种复杂的甘醇、香腴感，这是品味白兰地时所获得的最为美妙、华丽的感觉。

③ 味觉。从舌尖开始品尝白兰地,先含一些白兰地使其在舌间轻轻滑动,再顺着舌缘让酒流到舌根,然后在口中迂回,入喉之后趁势吸气伴随酒液咽下,让丰醇的酒味散发出来,再用鼻子深闻一次,所有的美妙感受浸润在口鼻舌喉之间。通常香味停留得越久、越醇和的,其口感越好。不够匀和的或存放时间太短的白兰地,饮用时会觉得烈而缺乏芳醇的味道,需要继续储藏。

(3) 白兰地的饮用方法。

① 握杯方法。通常的握法是中指与无名指或食指卡住杯颈,用手掌包握住酒杯底部和杯壁的下 1/3 处,如图 4-50 所示,手掌的温度透过酒杯稍微暖一下酒液,能使其芳香和风味更佳。

图 4-50 白兰地酒杯握法

② 边闻边喝。白兰地不是用来一次次碰杯豪饮的,一定要边闻边喝,才能真正地享受饮用白兰地酒的奥妙,同时旁边可以配一小杯冰水,每喝完一小口白兰地,喝一口冰水,清新一下味觉能更深切地体会下一口白兰地的芳醇。对于陈年上佳的干邑白兰地来说,加水、加冰会浪费几十年的陈化时间,破坏香甜浓醇的味道。

（二）餐后酒服务礼仪

用餐后饮用一些适合的酒不但能够帮助消化，也是为了享受用餐后的好气氛，不过它和餐前酒一样，不是非喝不可的。餐后酒通常是在用完餐后的闲聊时间饮用。餐后酒的酒精度一般比较高，通常为35~50%vol。为什么要饮用餐后酒呢？主要有两个原因：一是餐后酒可以促进消化；二是如果在餐前空腹饮用高酒精度的酒，很容易醉酒。同时，还要注意的是餐后酒不适合多喝，多喝不仅对消化无益，反而可能会不利于消化。

餐后酒与餐前酒不同。餐前酒一般是不甜的，这样才可以最大限度地刺激人的食欲；餐后酒则没有这样的顾虑，它既可以是甜型的，也可以是干型的。

餐后酒的服务主要要注意以下几个方面。

（1）做好准备工作。清洁酒车，在酒车的各层铺垫上干净的餐巾；检查酒和酒杯是否齐备；清洁酒杯和酒瓶的表面、瓶口和瓶盖，确保无尘迹和指印；将酒瓶分类整齐地摆放在酒车的第一层，酒牌朝向一致；将酒杯放在酒车第二层；将加热白兰地酒用的酒精炉放在酒车的第三层；将酒车推至餐厅明显的位置。

（2）做好推酒服务。将酒车轻推至客人桌前，积极向客人推销，但要注意用语，不得强迫客人；向不了解甜酒的客人讲解有关知识；给予客人相应建议，但要留出选择的余地；先推销价格高的名酒，然后是普通的酒类；向男士建议较烈的酒，向女士建议柔和的酒。

（3）做好斟倒服务。按照规范的酒水斟倒礼仪为客人做好服务。

第七节 咖啡礼仪

、咖啡的常识

西餐中的最后上桌的往往是一些饮品,如咖啡。最后一道餐后饮品可以提高人们的满足惬意之感。

(一) 咖啡的起源

关于咖啡的起源有种种不同的传说,其中,最流行且为大众所乐道的是牧羊人的故事。传说有一位牧羊人,在牧羊的时候偶然发现他的羊蹦蹦跳跳,异常兴奋,仔细一看,原来羊是吃了一种红色的果子才举止滑稽怪异。他试着采了一些这种红果子回去熬煮,没想到满室芳香,熬成的汁液喝下以后更是令人精神振奋、神清气爽。从此,这种果实就被作为一种提神醒脑的饮料,且颇受好评。

(二) 咖啡的种类

1. 世界闻名的咖啡

(1) 麝香猫咖啡。产于印度尼西亚,咖啡豆是麝香猫食物中的一种,但是咖啡豆不能被消化系统完全消化,在麝香猫肠胃内经过发酵,随粪便排出。当地人在麝香猫粪便中取出咖啡豆后再进行加工处理,也就是所谓的"猫屎"咖啡。用经过麝香猫肠胃发酵的咖啡豆煮出的咖啡,特别浓稠香醇。麝香猫咖啡的产量相当有限。

(2) 蓝山咖啡。这是一种大众知名度较高的咖啡,只产于中美洲牙买加的蓝山地区,并且只有种植在海拔1 800米以上的蓝山地区的咖啡豆才有权使用"牙买加蓝山咖啡"(Blue Mountain Coffee)的标志。蓝山咖啡拥有香醇、苦中略带甘甜、柔润顺口的特性,而且稍微带有酸味,味道丰富,是咖啡中的极品。每年90%的蓝山咖啡为日本人所购买,因此不管价格高低,蓝山咖啡总是供不应求。

(3) 摩卡咖啡。有人说,咖啡中,蓝山可以称王,摩卡可以称后。摩卡咖啡拥有全世界最独特、最丰富、最令人着迷的复杂风味:红酒香、狂野味、干果味、蓝莓味、葡萄味、烟草味、甜香料味、原木味,甚至巧克力味等。真正的摩卡咖啡产于阿拉伯半岛西南方的也门共和国,生长在海拔900~2 400米的陡峭山侧地带。

(4) 古巴水晶山咖啡。古巴最好的咖啡种植区位于中央山脉地带。这片地区因为除了种植咖啡,还有石英、水晶等珍贵矿物出产,所以又被称为水晶山。目前,水晶山咖啡就是顶级古巴咖啡的代名词。最有代表性的是"Cubita Coffee",简称"Cubita",中文名称为"琥爵咖啡"。该品牌坚持完美咖啡的原则,只做单品咖啡,咖啡豆采摘是以手工完成的,平衡度极佳,苦味与酸味配合得很好。

(5) 曼特宁咖啡。产于印度尼西亚的苏门答腊,别称"苏门答腊咖啡"。它风味非常浓郁,带有较为明显的苦味与炭烧味。曼特宁一直都以最独特的苦表现它最独特的甜,犹如生活之苦,放入再多的糖也掩不了那种苦味。但是,曼特宁的苦不但不会使你心烦,反而会让你更加清醒。

(6) 夏威夷科纳咖啡。科纳咖啡豆是世界上外表最美丽的一种咖啡豆,它异常饱满,而且光泽鲜亮,豆形整齐,具有强烈的酸味和甜味,口感湿顺、滑润。夏威夷独特的火山气候造就了科纳咖啡独特的香气。科纳咖啡口味新鲜、清冽,中等醇度,有轻微的酸味,同时有浓郁的芳香,品尝后余味长久。最难得的是,科纳咖啡具有一种兼有葡萄酒香、水果香和香料香的混合香味。

(7) 巴西咖啡。巴西是世界上最大的咖啡产地,总产量约占全世界产量的30%。巴西咖啡的口感中带有较低的酸味,配合咖啡的甘苦味,而且又带有淡淡的青草芳香,其清香略带苦味,甘滑顺

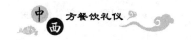

口，余味能令人舒活畅快。巴西咖啡并没有特别出众的优点，但也没有明显的缺点。

2. 花式咖啡

（1）意式浓缩咖啡。浓缩咖啡（Espresso）或意式浓缩咖啡，是一种口感强烈的咖啡类型，浓度是普通咖啡的两倍，通常用新鲜磨碎的咖啡豆放置于高压机处理，以保存咖啡的浓郁香味，因此喝完小小一杯已经够醒神了。一杯真正的意大利香浓咖啡一定不能过量，以一口饮尽的量为宜，而不是满满一杯。

（2）拿铁。一杯地道的意大利拿铁咖啡的配置比例是牛奶70%、奶泡20%、咖啡10%。拿铁咖啡中牛奶多而咖啡少，这与卡布奇诺有很大不同。拿铁咖啡做法极其简单，就是在刚刚做好的意大利浓缩咖啡中倒入接近沸腾的牛奶。事实上，加入多少牛奶没有一定之规，可依个人口味自由调配。

如果在热牛奶上再加上一些打成泡沫的冷牛奶，就成了一杯美式拿铁咖啡。星巴克的美式拿铁就是用这种方法制成的，底部是加热到65℃~75℃的牛奶，中间是意大利浓缩咖啡，上面是一层不超过0.5厘米的冷的牛奶泡沫。

（3）卡布奇诺。卡布奇诺（Cappuccino）跟拿铁不一样的是咖啡多而牛奶少。在意大利特浓咖啡的基础上，加一层厚厚的起沫牛奶，就成了卡布奇诺。传统的卡布奇诺咖啡是三分之一浓缩咖啡，三分之一蒸汽牛奶和三分之一泡沫牛奶。奶泡上面可以加一些肉桂粉或巧克力粉，以延长奶泡停留的时间。

（4）玛琪雅朵。在意大利浓缩咖啡中，不加鲜奶油、牛奶，只要在咖啡上添加两大匙绵密细软的奶泡，就是一杯玛琪雅朵。一定要一口喝下才能品尝出它的美味。

（5）维也纳咖啡。维也纳咖啡是奥地利最著名的咖啡。制作步骤是将冲调好的咖啡倒于杯中，约八分满；在咖啡上面以旋转方式加入鲜奶油；淋上适量巧克力糖浆；最后撒上七彩米，附糖包上桌。维也纳咖啡有着独特的喝法：不搅拌，开始是凉奶油，感觉很舒服，然后喝到热咖啡，最后感觉出砂糖的甜味，有着三种不同的口感。

（6）土耳其咖啡。土耳其咖啡既不是蒸馏式的，也不是冲泡式的，而是用很细的土耳其咖啡粉加冷水，用小锅以小火慢煮至沸腾而制作出的又苦又浓的泡沫咖啡。由于浓度比较高，所以所用的瓷咖啡杯盘体积都非常小，约是普通咖啡杯一半的容量。

(三) 喝咖啡的礼仪

咖啡不是用来解渴的，而是用来品味的，自然需要讲究礼仪。

1. 持拿咖啡杯

在餐后饮用的咖啡，一般都是用袖珍型的杯子盛装。这种杯子的杯耳较小，手指无法穿出去。不过即使用较大的杯子，也不要用手指穿过杯耳再端杯子。咖啡杯的正确拿法是拇指和食指捏住杯把儿再将杯子端起，如图 4-51 所示。

图 4-51　咖啡杯的正确拿法

如果是坐着喝咖啡，只需将杯子拿起饮用即可；如果是站立喝咖啡，一定要将咖啡碟一同拿起，左手拿碟。

2. 加糖方法

给咖啡加糖时，砂糖可用咖啡匙舀取，直接加入杯内，也可先用方糖夹把方糖夹在咖啡碟的近身一侧，再用咖啡匙把方糖加在杯子里。不能用手来放方糖,既不文雅,也可能会使咖啡溅出弄脏衣服或台布。

3. 使用咖啡匙

咖啡匙是用来搅拌咖啡的,搅拌均匀后将咖啡匙放在咖啡盘中,匙柄与咖啡杯把朝向一个方向,如图4-52所示。咖啡匙是做搅拌之用,而不是为了舀取咖啡,因此无论如何不要用咖啡匙舀咖啡喝,这是非常可笑的行为。

图4-52 咖啡匙的使用方法

如果咖啡太烫,也可以用咖啡匙轻轻搅拌加速冷却,或者等待咖啡温度降下来,不要太过着急,不能端起咖啡杯去用嘴吹凉。

很多时候,喝咖啡都会搭配一些精致小点心,如图4-53所示。可以一边品尝咖啡的美味,一边享受小点心的细腻口感,但应该注意的是,不要一手端着咖啡杯,一手拿着点心。饮咖啡时应当放下点心,吃点心时则放下咖啡杯,正如聊天时也应放下手中的咖啡杯一样,边聊边喝既不尊重对方,也无法真正体味咖啡的滋味。

图 4-53　咖啡与点心的搭配

小小的咖啡豆研磨出美妙的时光，喝咖啡喝的是温暖醇厚的心境，所以，慢下来，雅一些，最后可以收获更多。

咖啡服务礼仪

在西餐中，最后上桌的是咖啡。西餐的咖啡服务应注意以下几个方面。

（1）准备服务用具。咖啡用具要求干净、整洁、卫生、无破损、无水迹，所有用具要求配套使用且在同一桌上要保持一致。

（2）摆放服务用具。垫碟摆放于客人正前方，咖啡杯倒置于垫碟上，杯把儿朝右且与客人平行，咖啡勺放在垫碟内的上方，勺柄朝右，如图 4-54 所示。奶盅、糖盅按每 2~3 人一套摆放在桌子中央，以供客人选用。

图 4-54 咖啡用具的正确摆放

（3）入座点单服务。引导宾客入座后，送上咖啡单，询问宾客需求。宾客点单后，立即将单据送到吧台或厨房。

（4）上咖啡。确认咖啡与桌号、宾客是否对应；按照女士优先、先宾后主的顺序，顺时针方向倒咖啡；当宾客的咖啡杯中的量剩 1/5 左右时，应在征得宾客同意后及时为宾客添加咖啡。

要特别注意的是，① 给宾客倒咖啡的正确做法：如果是宴会服务，通常使用的是咖啡壶，用右手握住壶柄，左手拿块餐巾放在壶口下面，站在宾客右侧，壶口不要碰触到杯口；在非宴会场合，如果使用的是小壶或稍大点的杯子，而且杯耳也不怎么大，则应该用右手拇指和食指捏住杯把端起杯子，左手拿块餐巾放在杯口下面。用一只手握住杯身、杯口或者将手穿过杯耳后再握住杯身都是不正确的。倒咖啡时，咖啡杯不能离开桌。② 可以为懂得喝咖啡的行家另备一杯冷开水，使之与咖啡交替品尝，口味更显清纯。③ 配料（糖和奶）的添加因个人的饮用习惯各不相同，所以最好由宾客自主添加。

（5）撤用具。发现宾客已经用完咖啡时，可上前询问宾客是否还要用，如宾客不用，可将用具撤走。同时把宾客面前的桌面清扫干净。

（6）送宾客。宾客起身离开时，应鞠躬、微笑，口说谢谢光临，请慢走，欢迎再次光临。

 推荐阅读书目

1.《酒店服务礼仪（第二版）》（李妍主编，中国人民大学出版社 2023 年出版）

2.《饭店服务礼仪（第三版）》（王明强主编，中国劳动社会保障出版社 2016 年出版）

3.《旅游与酒店服务礼仪》（王珺主编，机械工业出版社 2018 年出版）

4.《饭店服务礼仪》（人力资源社会保障部教材办公室等组织编写，中国劳动社会保障出版社 2019 年出版）

5.《礼仪金说：服务礼仪（2019 新版）》（金正昆著，北京联合出版公司 2019 年出版）

参考文献

[1] 李妍. 酒店服务礼仪［M］. 2版. 北京：中国人民大学出版社，2023.

[2] 何宏. 中外饮食文化［M］. 2版. 北京：北京大学出版社，2022.

[3] 邵万宽. 中国饮食文化［M］. 北京：中国旅游出版社，2016.

[4] 郑敬高. 欧洲文化的奥秘［M］. 上海：上海人民出版社，1999.

[5] 隗静秋. 中外饮食文化［M］. 北京：经济管理出版社，2015.

[6] 贺正柏. 中国饮食文化［M］. 北京：旅游教育出版社，2017.

[7] 张捷，李悦. 中西饮食文化比较［M］. 上海：上海交通大学出版社，2017.

[8] 朱玉，刘巧燕. 漫话西方饮食文化［M］. 重庆：重庆大学出版社，2016.

[9] 周娴华，周达章. 宁波饮食文化［M］. 宁波：宁波出版社，2021.

[10] 王利华. 中古华北饮食文化的变迁［M］. 北京：生活·读书·新知三联书店，2018.

[11] 周松芳. 岭南饮食文化 [M]. 广州：广东人民出版社, 2019.

[12] 黄琼, 蓝竹梅. 广西特色饮食文化 [M]. 北京：对外经济贸易大学出版社, 2019.

[13] 陈可伟. 甬上乡味 宁波饮食文化典故 [M]. 宁波：宁波出版社, 2022.

[14] 张学莲. 韩国饮食文化研究 [M]. 杭州：浙江工商大学出版社, 2022.

[15] 侯邦云. 滇爨饮食文化的传承与实践 [M]. 昆明：云南大学出版社, 2021.

[16] 杨艾军, 丁建民. 茶马古道餐饮文化 [M]. 昆明：云南大学出版社, 2012.

[17] 王丹凤. 饭店服务礼仪教程 [M]. 北京：北京理工大学出版社, 2021.

[18] 王雪梅. 服务礼仪 [M]. 重庆：重庆大学出版社, 2020.

[19] 王焱. 旅游服务礼仪 [M]. 长春：吉林出版集团股份有限公司, 2019.

[20] 张秋埜. 酒店服务礼仪 [M]. 3版. 杭州：浙江大学出版社, 2023.

[21] 王珺. 旅游与酒店服务礼仪 [M]. 北京：机械工业出版社, 2018.

[22] 陈瑜. 酒店服务礼仪 [M]. 北京：科学出版社, 2016.

[23] 人力资源和社会保障部教材办公室. 饭店服务礼仪 [M]. 北京：中国劳动社会保障出版社, 2019.

[24] 金正昆. 服务礼仪 [M]. 北京：北京联合出版公司, 2013.

[25] 钱正英, 孙旭. 旅游服务礼仪 [M]. 北京：中国人民大学出版社, 2023.

[26] 王明强. 饭店服务礼仪 [M]. 3版. 北京：中国劳动社会保障出版社，2016.

[27] 王冬琨. 酒店服务礼仪 [M]. 2版. 北京：清华大学出版社，2019.

[28] 吴澎. 中国饮食文化 [M]. 3版. 北京：化学工业出版社，2020.

[29] 王仁湘. 至味中国：饮食文化记忆 [M]. 郑州：河南科学技术出版社，2022.

[30] 逯耀东. 肚大能容：中国饮食文化散记 [M]. 3版. 北京：生活·读书·新知三联书店，2021.

[31] 金洪霞，赵建民. 中国饮食文化概论 [M]. 2版. 北京：中国轻工业出版社，2019.

[32] 刘雨晴. 从跨文化角度分析中西饮食文化差异 [J]. 青年文学家，2018（5）.

[33] 陈雪梅. 从中西饮食文化差异谈跨文化交际 [J]. 炎黄地理，2021（9）.

[34] 李冬昫. 中国文化"走出去"背景下的中西饮食文化对比 [J]. 内蒙古电大学刊，2020（1）.

[35] 徐青竹. 中西饮食文化差异与跨文化融合 [J]. 今日中国论坛，2013（15）.

[36] 尹萍. "一带一路"倡议下中华传统餐饮文化"走出去"的路径研究 [J]. 旅游纵览，2021（3）.

[37] 黄妍妍. 从跨文化交际的角度看中西饮食文化 [J]. 才智，2015（14）.

[38] 崔喜艳. 从跨文化交际的角度浅析中西饮食文化差异 [J]. 青年文学家，2013（1）.

[39] 杨铭铎. 关于我国饮食文化传承与发展的思考 [J]. 商业经济研究，2012（9）.

［40］李雪梅.从中西饮食文化看文化差异［J］.考试周刊，2016（66）.

［41］杨孟雪.中西饮食文化的差异［J］.现代盐化工，2020（47）.

［42］陈曦.关于中西饮食文化差异比较探析［J］.校园英语，2019（11）.

［43］刘彩霞.中西饮食文化差异比较分析［J］.读与写（教育教学刊），2018，15（9）.

［44］孙蕊蕊，章于红.中西饮食文化差异追因［J］.知识文库，2018（11）.

［45］王利.浅谈中西饮食文化差异［J］.知识文库，2017（4）.

［46］单敏.中西饮食文化差异略谈［J］.现代职业教育，2016（7）.

［47］宋佳，毕阳，连根.从中西饮食探究文化差异［J］.考试周刊，2015（3）.

［48］杨军虎.中西饮食文化差异及原因探究［J］.科技视界，2014（29）.

［49］徐英超.中西文化的差异对中西餐饮业的影响［J］.食品安全导刊，2021（15）.

［50］文一，唐雪丹，孙晴，等.试论中西餐饮文化差异［J］.散文百家（理论），2020（9）.

［51］吴彦槿.基于历史文化的中西餐饮文化研究［J］.中国地名，2020（1）.

［52］向娟林，李瑜.试论中西餐饮文化差异［J］.散文百家，2019（11）.

［53］李霖茜，罗晴.浅析中西文化差异中的餐饮文化［J］.校园英语，2019（35）.

［54］刘安琪.论中西文化的差异对中西餐饮业的影响［J］.

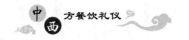

才智, 2018 (1).

[55] 屠玲丽. 中西餐饮文化差异折射出的价值取向差异 [J]. 中国市场, 2016 (25).

[56] 丁艳红. 从餐饮文化看中西文化的差异 [J]. 林区教学, 2014 (12).

[57] 蔡童雨, 陈帅. 论中西方餐饮礼仪文化差异 [J]. 知识文库, 2019 (23).

[58] 翟玮. 跨文化视角下的中西方礼仪文化差异探究 [J]. 旅游纵览（下半月）, 2017 (7).

[59] 季陶. 中西饮食器具与礼仪的文化解析 [J]. 铜陵职业技术学院学报, 2015 (1).

[60] 崔洌. 略论中西方餐饮礼仪的差异 [J]. 考试周刊, 2014 (62).

[61] 尚颖, 袁明明. 传统文化视域下餐饮礼仪的传承与发展 [J]. 食品研究与开发, 2021, 42 (15).

[62] 韩雨辰. 文明礼食的发展：从典籍、古画及文化传承透视中华餐桌礼仪 [J]. 南宁职业技术学院学报, 2020, 25 (5).

[63] 姚玉艳. 浅析中法餐具及餐饮礼仪的差异 [J]. 农家参谋, 2017 (13).

[64] 梁璐茜. 谈中西方饮食文化差异 [J]. 中学生英语, 2016 (18).

[65] 张振铎, 董坤岳. 从分餐到合食：以餐具和礼仪为核心的考察 [J]. 沧州师范学院学报, 2015, 31 (3).

[66] 韩慧如. 跨文化交际下中西商务礼仪比较研究 [J]. 新西部（下旬. 理论版）, 2011 (Z1).

[67] 李淑艳. 中西方文化差异浅析 [J]. 才智, 2011 (25).

[68] 史精娜, 徐辰强. 餐饮礼仪与构建和谐社会 [J]. 价值工程, 2011, 30 (21).

[69] 韩宪君. 论中西餐的融合、影响与发展 [J]. 职业技术, 2013 (3).

[70] 杨洁. 跨文化交际中的餐桌礼仪差异 [J]. 文教资料, 2011 (4).

[71] 鄢赫, 李晓云. 浅谈中法餐桌礼仪显性差异及其文化意义: 以进餐方式和餐桌气氛两个方面为例 [J]. 吉林省教育学院学报 (中旬), 2013, 29 (5).

[72] 王娟. 从餐桌礼仪看中西方的文化差异 [J]. 太原城市职业技术学院学报, 2011 (2).

[73] 冯心如, 徐艳萍. 从跨文化交际角度对比中西方餐桌礼仪的不同 [J]. 语文学刊 (外语教育教学), 2013 (4).

[74] 张亚红. 中西方饮食文化差异以及餐桌礼仪的对比 [J]. 边疆经济与文化, 2009 (4).

[75] 郑俐娟. 从跨文化角度探析中西饮食文化差异 [J]. 语文学刊, 2011 (2).

[76] 林雪丽, 徐险峰, 彭迎新. 土家族十大碗民族传统饮食发展现状及对策研究: 以非物质文化遗产活化传承为视角 [J]. 南宁职业技术学院学报, 2023, 31 (5).

[77] 陶沙. 文化"走出去"背景下中国饮食文化的译介与传播路径 [J]. 食品与机械, 2023, 39 (9).

[78] 徐洋. 文化视角下顺德菜系的形成和发展 [J]. 食品与机械, 2023, 39 (9).

[79] 金炜威, 薛洪婉. 文旅融合视野下台州府城饮食文化的内嵌化传承与现代化发展 [J]. 中南农业科技, 2023, 44 (9).

[80] 白中阳. 21 世纪以来中国近代饮食文化研究述评 [J]. 社会科学动态, 2023 (9).

[81] 向思前. 中西饮食差异之跨文化比较 [J]. 中国食品, 2023 (18).

[82] 王琳. 提升中国国家形象的价值耦合与路径创新：以中华饮食文化资源开发为例 [J]. 中南民族大学学报（人文社会科学版），2023，43（9）.

[83] 辛丽莉，孙菁一，吴培培，等. 中华优秀饮食文化的特性及其在当代的价值 [J]. 餐饮世界，2023（8）.

[84] 光明日报. 培育新时代非遗人才 弘扬中华优秀饮食文化 [J]. 餐饮世界，2023（8）.

[85] 张伟迪，文蕾. 新文旅背景下陕西饮食文化的创新与发展 [J]. 今古文创，2023（31）.

[86] 金晔，魏园. 中日两国饮食文化的对比研究 [J]. 中国食品工业，2023（14）.

[87] 马慧，马蔚. 多元交织一体的中华民族饮食文化变迁：基于黄河中游和东北饮食文化圈主辅食调查研究 [J]. 楚雄师范学院学报，2023，38（4）.

[88] 荆林波. 传承饮食文化 努力建设中华民族现代餐饮文明 [J]. 餐饮世界，2023（7）.

[89] 陈著伟. 从拉面看中国饮食文化的传播：读《拉面：国民料理与战后日本再造》[J]. 中学历史教学，2023（7）.

[90] 郝儒杰，唐辉，唐云，等. 四川藏羌彝文化走廊饮食文化"云传播"策略研究 [J]. 成都行政学院学报，2021（3）.

[91] 滕玮峰. 中法文化融合下的中餐制作与服务创新 [J]. 现代食品，2020（4）.

[92] 王佳佳. 浅谈绿色文化视阈下餐饮文化的创新 [J]. 广西质量监督导报，2019（11）.

[93] 张媛，刘诗永. 法国饮食文化国际传播及对川菜"走出去"的启示 [J]. 传媒论坛，2019，2（22）.

[94] 姜云. 我国现代餐饮文化营销策略及发展路径 [J]. 当代旅游，2019（10）.

[95] 孟璇,曹海玥,熊继红.餐饮文化营销研究[J].合作经济与科技,2019(20).

[96] 孙姝慧.俄罗斯餐饮文化述评[J].西伯利亚研究,2018,45(2).

[97] 王琪."一带一路"战略下中国餐饮行业的发展[J].广西民族师范学院学报,2017,34(6).

[98] 郭艳.看中美餐饮文化的差异:《厨艺大师》与《舌尖上的中国》之比较[J].南昌教育学院学报,2017(3).

[99] 刘立新.西餐饮食对中餐烹饪的影响[J].黑龙江科技信息,2017(12).

[100] 韩相博,王朋.中国式主题西餐厅餐饮模式浅析[J].明日风尚,2017(2).

[101] 詹嘉.中国陶瓷餐具对日本餐饮文化的影响[J].艺术探索,2016,30(6).

[102] 马莹.中西方饮食文化差异的文化根源探究[J].青春岁月,2015(19).

[103] 田龙过.明清移民与陕南饮食文化的历史变迁[J].西部学刊,2023(19).

[104] 晓勇.在传承中发展的藏式餐饮文化[N].西藏日报(汉),2023-5-24(6).